U0789375

藏書

珍藏版

山海经

于立文 主编

叁

辽海出版社

目　录

【原文】

5.78　又东二十七里，曰堵山①，神天愚居之，是多怪风雨。其上有木焉，名曰天楄②，方茎而葵状，服者不哽③。

【注释】

①堵山：山名，可能是河南洛阳市东南的伏堵岭。
②天楄（pián）：木名。
③哽（yē）：噎食。

【译文】

再向东二十七里有座山，名叫堵山，天愚神就在此居住，山里常常会刮怪风、下怪雨。山上长着一种树，名叫天楄，它的茎干是方形的，形状像葵，服食它就不会噎食。

【原文】

5.79　又东五十二里，曰放皋之山①。明水出焉②，南流注于伊水③，其中多苍玉④。有木焉，其叶如槐，黄华而不实，其名曰蒙木，服之不惑。有兽焉，其状如蜂，枝尾而反舌⑤，善呼，其名曰文文。

【注释】

①放皋之山：放皋山，在今河南伊川县境内。

②明水：水名，俗称名水，源出广成泽。

③伊水：伊河。

④苍玉：灰白色的玉。

⑤枝尾：尾巴有分叉。反舌：舌头倒生。

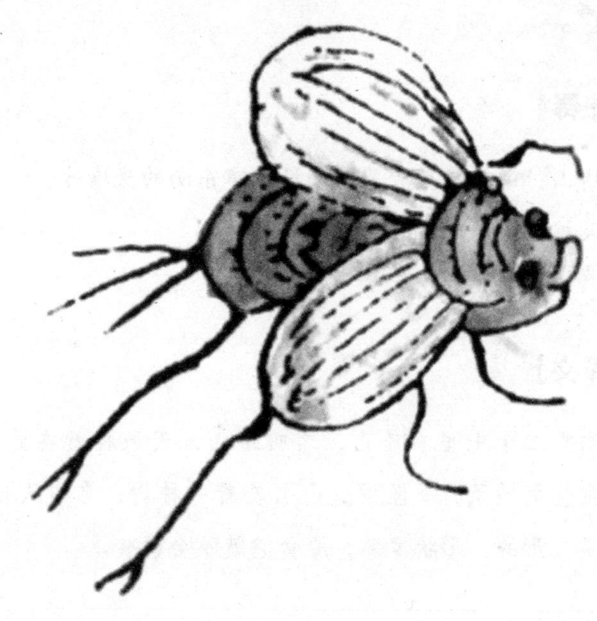

文文

【译文】

再往东五十二里有座山，名叫放皋山。明水发源于此山，向南流入伊河，水中有许多灰白色的玉。山中生长着一种树，它的叶子与槐树叶相似，开黄色的花，不结果实，名叫蒙木，服食了它就不会疑惑。山中有一种野兽，它的形状像蜂，尾巴有分叉，舌头倒生，喜欢呼叫，名字叫文文。

文文圖

文　清　《禽虫典》本

【原文】

5.80　又东五十七里，曰大䕏之山①，多琈珸之玉②，多麋玉③。有草焉，其状叶如榆，方茎而苍伤④，其名曰牛伤⑤，其根苍文，服者不厥⑥，可以御兵⑦。其阳狂水出焉⑧，西南流注于伊水，其中多三足龟，食者无大疾，可以已肿⑨。

【注释】

①大䕏（kǔ）之山：今大熊山，在河南登封市境内。

②琈（tū）珸（fú）：美玉名。

③麋玉：一说"麋"通"眉"，指眉石；一说可能为瑂玉，一种像玉的石头。

④苍伤：苍刺，青色的棘刺。

⑤牛伤：牛棘。

⑥厥：气闭，昏倒。

⑦兵：兵器。

⑧狂水：水名，可能是今白降河。

⑨已：治愈。肿：毒疮。

【译文】

再往东五十七里有座山，名叫大䕏山，山中有很多珸玉，还有许多麋玉。山中有一种草，叶子似榆树叶，茎是方形的，

且长着青色的刺，名叫牛伤，它根上有青色的纹理，服食了它就不会昏厥，还能抵御兵器的伤害。狂水发源于此山的南面，向西南流入伊河，水中有许多三足龟，吃了它的肉就不会生大病，还能治疗毒疮。

三足龟

三足龟　明　蒋应镐绘图本

【原文】

5.81　又东七十里，曰半石之山①。其上有草焉，生而秀②，其高丈余，赤叶赤华，华而不实，其名曰嘉荣，服之者不霆③。来需之水出于其阳④，而西流注于伊水⑤，其中多䲙鱼⑥，黑文，其状如鲋⑦，食者不睡。合水出于其阴⑧，而北流注于洛⑨，多䲢鱼⑩，状如鳜⑪，居逵⑫，苍文赤尾，食者不痈⑬，可以为瘘⑭。

【注释】

①半石之山：半石山，在今河南登封市西。

②秀：植物吐穗开花，多指庄稼。

③不霆："不"后应有"畏"。霆：疾雷，霹雳。

④来需之水：来需水，在今河南登封市西。

⑤伊水：伊河。

⑥䲙（lún）鱼：传说中的一种鱼。一说指鳊（biān）鱼。

⑦鲋：鲫鱼。

⑧合水：水名，在今河南洛阳市东南。

⑨洛：洛河。

⑩䲢（téng）鱼：即瞻星鱼。

⑪鳜（guì）：即鳜鱼。

⑫逵：四通八达的路。这里指水里相互连通的空穴。

⑬痈（yōng）：毒疮。

⑭瘘（lòu）：即瘰（luǒ）疬（lì），疾病名，多发生在颈部。

鲶鱼

鲶　鱼　明蒋应镐绘图本

【译文】

再往东七十里有座山，名叫半石山。山上长着一种草，刚长出来就吐穗开花，它高达一丈多，长着红色的叶子，开红色的花，不结果实，这种草名叫嘉荣，人吃了它就不怕雷霆。来需水发源于此山的南面，向西流入伊河，水中有很多鲐鱼，这种鱼身上有黑色的斑纹，形状与鲫鱼相似，吃了它的肉就可以不睡觉。合水发源于这座山的北面，向北流入洛水，水中有许多鱼，形状像鳜鱼，居住在水底相互连通的孔穴中，身上有青色的斑纹，长着红色的尾巴，人吃了它的肉就不会长毒疮，还能治疗瘰疬。

【原文】

5.82　又东五十里，曰少室之山[1]，百草木成囷[2]。其上有木焉，其名曰帝休，叶状如杨，其枝五衢[3]，黄华黑实，服者不怒。其上多玉，其下多铁。休水出焉[4]，而北流注于洛[5]，其中多䲡鱼[6]，状如鳖蜼而长距[7]，足白而对，食者无蛊疾[8]，可以御兵[9]。

【注释】

①少室之山：少室山，在今河南登封市西北，是中岳嵩山中的山。

②囷（qūn）：古代一种圆形谷仓。

③衢：树枝交错分叉。

④休水：水名，发源于少室山北麓，注入洛河。

⑤洛：洛河。

⑥鯷（tí）鱼：鲇鱼的别名。

⑦鳌（zhōu）蜼（wèi）：一种形似猕猴的动物。距：雄鸡爪后面突出像脚趾的部分。

⑧蛊：毒热恶气。

⑨兵：兵器。

【译文】

再往东五十里有座山，名叫少室山。山中各种草木繁密茂盛，像圆形的谷仓。山上长着一种树，名叫帝休，叶子形状与杨树叶相似，树枝交错伸展，开黄色的花，结黑色的果实，吃了它的果实就不会发怒。山上有很多玉，山下有很多铁。休水发源于此山，向北流入洛水，水中有很多鲇鱼，形状与猕猴相似，长着像公鸡一样长长的足爪、白色的脚，脚趾相对，吃了它的肉就能不受毒热恶气的侵袭，还能抵御兵器的伤害。

【原文】

5.83　又东三十里，曰泰室之山①。其上有木焉，叶状如梨而赤理，其名曰栯木②，服者不妒。有草焉，其状如荠③，白华黑实，泽如蘡薁④，其名曰蒪草，服之不昧⑤。上多美石。

栯木

【注释】

①泰室之山：太室山，在今河南登封市。

②栯（yǒu）：木名。一说指郁李，又称白棣（dì）。

③茮（zhú）：术属植物白术、苍术等的泛称。

④蘡（yīng）薁（yù）：山葡萄。

⑤眯：昏暗，引申为眼目不明。一作"眯（mì）"，梦魇。

太室山

【译文】

再往东三十里有座山，名叫泰室山。山上生长着一种树，树叶的形状与梨树叶相似，有红色的纹理，这种树名叫栯木，人吃了它就不会嫉妒。山中长着一种草，形状与荼相似，开白色的花，结黑色的果实，果实有光泽，如野葡萄一般，这种草名叫䔄草，人吃了它就能明目。山上有许多美丽的石头。

	《山海经》中名称	今　考
山海经 地理 古今考	半石之山	在河南登封市西部
	少室之山	河南省登封市西北中岳嵩山中的山，主峰是御寨山
	泰室之山	太室山，在今河南省登封市

【原文】

5.84　又北三十里，曰讲山①，其上多玉，多柘②，多柏。有木焉，名曰帝屋，叶状如椒③，反伤④，赤实，可以御凶。

【注释】

①讲山：山名，在今河南西北部。

②柘（zhè）：柘树。

③椒：这里指胡椒或花椒。

④反伤：倒长着刺。

【译文】

再向北三十里有座山，名叫讲山，山上有很多玉，还长着很多柘树和柏树。山中长着一种树，名叫帝屋，叶子形状与椒叶相似，长有倒刺，结红色的果实，它可以用来防御凶险。

【原文】

5.85　又北三十里，曰婴梁之山①，上多苍玉②，錞于玄石③。

【注释】

①婴梁之山：婴梁山，在今河南巩义市。

②苍玉：灰白色的玉。

③錞（chún）：这里指依附。玄：黑色。

【译文】

再往北三十里有座山，名叫婴梁山。山上面有很多灰白色的玉，这种玉附着在黑色的石头上。

【原文】

5.86　又东三十里，曰浮戏之山①。有木焉，叶状如樗而赤实②，名曰亢木，食之不蛊③。汜水出焉④，而北流注于河。其东有谷，因名曰蛇谷，上多少辛⑤。

【注释】

①浮戏之山：浮戏山。一说在今河南巩义市。

②樗（chū）：臭椿树。

③蛊：毒热恶气。

④汜（sì）水：发源于今河南巩义市东南，向北流经河南荥（xíng）阳市汜水镇，注入黄河。

⑤少辛：即细辛。

【译文】

再向东三十里有座山，名叫浮戏山。山中长着一种树，树叶形状与臭椿树的叶子相似，果实是红色的，名叫亢木，吃了它就能免受毒热恶气的侵袭。汜水发源于此山，向北流入黄河。

山的东面有一条山谷，因为谷中多蛇，所以取名为蛇谷，谷的上面生长着许多细辛。

【原文】

5.87　又东四十里，曰少陉之山①。有草焉，名曰茵草②，叶状如葵而赤茎白华，实如蘡薁③，食之不愚。器难之水出焉④，而北流注于役水⑤。

【注释】

①少陉（xíng）之山：今少陉山，在河南荥阳市。

②茵（gāng）草：草名。一说茵草生长在水田中，苗似小麦，但体形比小麦更小。

③蘡（yīng）薁（yù）：即山葡萄。

④器难之水：器难水，在今河南荥阳市。

⑤役水：今河南索河。

【译文】

再向东四十里有座山，名叫少陉山。山中长有一种草，名叫茵草，这种草的叶子与葵的叶子相似，茎干是红色的，开白色的花，结出的果实与野葡萄相似，吃了它就会使人变得聪明。器难水发源于此山，向北流入役水。

【原文】

5.88　又东南十里，曰太山①。有草焉，名曰梨②，其叶状如荻而赤华③，可以已疽④。太水出于其阳⑤，而东南流注于役水⑥；承水出于其阴⑦，而东北流注于役。

【注释】

①太山：山名，在今河南北部。

②梨：此处梨为一种草。

③荻（dí）：多年生草本植物，生在水边，似芦苇，秋天开紫花。

④已：治愈。疽（jū）：一种毒疮。

⑤太水：水名，为索河东南的支流。

⑥役水：今河南索河。

⑦承水：水名，为索河西北石坡口的支流。

【译文】

再向东南十里有座山，名叫太山。山中长着一种草，名叫梨，它叶子的形状与荻叶相似，开红色的花，可以治疗痈疽。太水发源于这座山的南面，向东南流入役水；承水发源于这座山的北面，向东北流入役水。

【原文】

5.89　又东二十里，曰末山①，上多赤金。末水出焉，北流注于役。

【注释】

①末山：山名，可能在河南新密市西南。

【译文】

再往东二十里有座山，名叫末山，山上有很多赤金。末水发源于此山，向北流入役水。

【原文】

5.90　又东二十五里，曰役山[1]，上多白金，多铁。役水出焉，北注于河。

【注释】

①役山：山名。一说在今河南中牟县；一说在今河南新密市。

【译文】

再往东二十五里有座山，名叫役山，山上有很多白金，还有很多铁。役水发源于役山，向北流入黄河。

【原文】

5.91　又东三十五里，曰敏山[1]。上有木焉，其状如荆，白华而赤实，名曰葪柏[2]，服者不寒。其阳多㻬琈之玉。

【注释】

①敏山：山名，即今河南新郑市的梅山。

②蓟（jì）柏：即蓟柏，也叫翠柏，丛生灌木，叶子多为鳞片状，果实球形、红褐色。

【译文】

再向东三十五里有座山，名叫敏山。山上有一种树，树的形状与荆相似，开白色的花，结红色的果实，这种树名叫蓟柏，吃了它的果实就不怕寒冷。山的南面有很多琈玉。

	《山海经》中名称	今 考
山海经地理古今考	末 山	可能是河南省新密市西南部的王家坡山
	役 山	一说在河南省中牟县；一说在河南省新密市
	敏 山	河南省新郑市的梅山

【原文】

5.92　又东三十里，曰大騩之山①，其阴多铁、美玉、青垩②。有草焉，其状如蓍而毛③，青华而白实，其名曰猿④，服之不夭，可以为腹病。

574

【注释】

①大騩（guī）之山：大騩山。在今河南新密市。

②垩（è）：可用来涂饰的有色土。

③蓍（shī）：蓍草，古人多用它的茎来占卜。④菔（láng）：草名。

【译文】

再向东三十里有座山，名叫大騩山，山的北面有很多铁、美玉和青垩。山中生有一种草，它的形状与蓍草相似，叶子上有毛，开青色的花，结白色的果实，它的名字叫菔，人吃了它就不会夭折而亡，还可以治疗腹部的疾病。

【原文】

5.93　凡苦山之首，自休与之山至于大騩之山，凡十有九山，千一百八十四里。其十六神者，皆豕身而人面①。其祠：毛牷用一羊羞②，婴用一藻玉瘗③。苦山、少室、太室皆冢也④。其祠之：太牢之具⑤，婴以吉玉⑥。其神状皆人面而三首，其余属皆豕身人面也。

【注释】

①豕（shǐ）：猪。

②毛牷：带毛的纯色的全牲。牷（quán）：纯色的全牲。

羞：进献食品。这里指贡献的祀品。

③婴：颈上的饰物。藻玉：有彩纹的玉。瘗（yì）：埋葬。

④冢：大。这里指大的山神。

⑤太牢：古代祭祀，牛、羊、猪三牲齐备谓之太牢。

⑥吉玉：彩色的玉。

人面三首神

人面三首神　清　汪绂图本

【译文】

总计苦山山系中的山，自第一座休与山起到大騩山止，共有十九座山，距离为一千一百八十四里。其中有十六座山的山神均是猪身人面。祭祀这些山神的仪式为：用一只纯色的羊作为毛物献祭，用一块带有彩色花纹的玉作为悬挂在山神颈部的饰物，将其埋入地下。苦山、少室山、太室山均是大的山神的

居住之所。祭祀这三座山的山神的仪式为：用牛、羊、猪三牲齐备的太牢之礼，以彩色的玉作为悬挂在山神颈部的饰物。这三位山神都长着人一样的脸，有三个脑袋，其余十六位山神皆是猪身人面。

豕身人面十六神

八、中次八经

【导读】

《中次八经》中记载了景山至琴鼓山共计二十三座山的地理位置和山川风貌。这些山大致位于今湖北和安徽境内。

山海经

这列山系物产丰富，盛产黄金、玉石、铁、青雘、垩土、白珉等矿物，还栖息着许多野兽，如牦牛、虎豹、闾、麋、麈、麂、兕、牛等，还生长着各种植物。经中详细描述了蛊围、计蒙、涉蟲三位神的相貌。

【原文】

5.94　中次八经荆山之首[1]，曰景山[2]，其上多金、玉，其木多杼、檀[3]。睢水出焉[4]，东南流注于江[5]，其中多丹粟[6]，多文鱼[7]。

【注释】

[1]荆山：山系名，在今湖北北部。

[2]景山：山名。一说即今湖北房县的聚龙山；一说即今湖北保康县的往佛山。

[3]杼（zhù）：栎木。檀：檀树。

[4]睢（jū）水：即沮水，发源于今湖北保康县。

[5]江：指长江。

[6]丹粟：丹砂。

[7]文鱼：即石斑鱼。

【译文】

中次八经荆山山系中的首座山，名叫景山，山上有很多金和玉，山中的树木多为栎树和檀树。睢水发源于此山，向东南注入长江，水中有很多丹砂，还有许多石斑鱼。

【原文】

5.95　东北百里，曰荆山[1]，其阴多铁，其阳多赤金，其中多牦牛，多豹、虎，其木多松、柏，其草多竹，多橘、櫾[2]。漳水出焉[3]，而东南流注于雎[4]，其中多黄金，多鲛鱼[5]。其兽多闾、麋[6]。

【注释】

①荆山：山名，在今湖北南漳县西。

②櫾（yòu）：同"柚"。

③漳水：水名，发源于荆山，向东注入沮水。

④雎：雎水，沮水，发源于今湖北保康县。

⑤鲛（jiāo）鱼：鲨鱼。

⑥闾（lú）：兽名。一说即羭（yú），指黑色的母羊。麋：麋鹿。

鲛鱼

【译文】

再向东北一百里有座山，名叫荆山，山的北面有很多铁，南面有许多赤金，山中有很多牦牛、豹子、老虎，山中生长的树木多为松、柏，草类多是丛生的小竹子，还有许多橘树和柚树。漳水发源于此山，向东南流入雎水，水中有很多黄金，还有很多鲛鱼。山中的野兽多为间和麋鹿。

鲛鱼　明　蒋应镐绘图本

【原文】

5.96　又东北百五十里，曰骄山①，其上多玉，其下多青臒②，其木多松、柏，多桃枝、钩端③。神蟲围处之④，其状如人面，羊角虎爪，恒游于雎、漳之渊⑤，出入有光。

582

【注释】

①骄山：山名，在今湖北境内。

②青雘（huò）：青色的可做颜料的矿物。

③桃枝：矮竹。钩端：刺竹。

④蠪（tuó）围：传说中的神名。

⑤漳：漳水。

蠪围

【译文】

再向东北一百五十里有座山，名叫骄山，山上有很多玉，山下有许多可做颜料的青色矿物，山中的树木多为松树和柏树，还长着许多桃枝和钩端。名叫蠱围的神就住在此山中，这位神的脸与人脸相似，头上的角像羊角，爪子跟虎爪相似，常常在雎水和漳水的深潭中巡游，出入时身上闪闪发光。

蠱围　清　汪绂图本

	《山海经》中名称	今　考
山海经 地　理 古今考	景　山	一说是湖北省房县的聚龙山；一说是湖北省保康县的望佛山
	荆　山	在湖北省南漳县的西部
	骄　山	湖北省境内的紫山

【原文】

5.97　又东北百二十里，日女几之山①，其上多玉，其下多黄金，其兽多豹、虎，多闾、麋、麖、麂②，其鸟多白鷮③，多翟④，多鸩⑤。

麂

【注释】

①女几之山：女几山，在今湖北荆门市西北。

②闾（lú）：兽名。一说指黑色的母羊。麖（jīng）：水鹿。麂（jǐ）：一种小型鹿，善跳跃。

③白鵺（jiāo）：鵺雉，雉的一种。

④翟（dí）：长尾的野鸡。

⑤鸩（zhèn）：传说中的一种毒鸟。

麂　清　汪绂图本

【译文】

再往东北一百二十里有座山，名叫女几山，山上有很多玉，山下有很多黄金，山中的野兽多为豹子和老虎，还有许多闾、麋鹿、麖、麂，鸟类多为白鹇、长尾的野鸡和鸩鸟。

【原文】

5.98　又东北二百里，曰宜诸之山[1]，其上多金、玉，其下多青雘[2]。滆水出焉[3]，而南流注于漳[4]，其中多白玉。

【注释】

[1]宜诸之山：宜诸山，在今湖北当阳县境内。

[2]青雘（huò）：青色的可做颜料的矿物。

[3]滆（wéi）水：水名，在今湖北境内。

[4]漳：漳水。

【译文】

再向东北二百里有座山，名叫宜诸山。山上有许多金和玉，山下有许多可做颜料的青色矿物。滆水发源于此山，向南流入漳水，水中有许多白玉。

【原文】

5.99　又东北三百五十里，曰纶山[1]，其木多梓、梗^②，多桃枝^③，多柤、栗、橘、櫾^④，其兽多闾、麈、羚、臭^⑤。

【注释】

①纶山：山名，今湖北大洪山。

②梓：梓树。梗：同"楠"楠木。

③桃枝：矮竹。

④柤（zhā）：同"楂"，指山楂。櫾（yòu）：同"柚"。

⑤闾（lǘ）：兽名。麈（zhǔ）：鹿一类的动物。臭（chuò）：兽名。一说指雪豹。

麈

麈　清　汪绂图本

【译文】

再向东北二百里有座山，名叫纶山，山中生长的树多为梓树和楠木，也有许多桃枝，还有很多山楂、栗树、橘树、柚树，山中的野兽多是闾、麈、羚羊和臭。

	《山海经》中名称	今　考
山海经 地　理 古今考	女儿之山	湖北省荆门市西北部的圣境山
	宜诸之山	在湖北省当阳县境内
	纶　山	湖北省境内的大洪山

【原文】

5.100　又东二百里，曰陆陒之山^①，其上多瑿珼之玉^②，其下多垩^③，其木多杻、橿^④。

【注释】

①陆陒（guǐ）之山：陆陒山，山名，今湖北孝感市的大悟山。

②瑿（tū）珼（fú）：美玉名。

③垩（è）：可用来涂饰的有色土。

④杻（niǔ）：即檍树。橿（jiāng）：木名。古时用作造车的材料。

【译文】

再向东二百里有座山，名叫陆陒山，山上有许多珼玉，山下有许多可做涂料的有色土，山中的树木多为杻树和橿树。

【原文】

5.101　又东百三十里，曰光山^①，其上多碧^②，其下多木。神计蒙处之，其状人身而龙首，恒游于漳渊^③，出入必有飘风暴雨^④。

【注释】

①光山：山名，在今河南光山县。

②碧：青绿色的玉石。

③漳：漳水。

④飘风：旋风，暴风。

计蒙

【译文】

再向东一百三十里有座山，名叫光山，山上有很多青绿色的玉石，山下有许多树木。有位名叫计蒙的神就居住在这里，他的形状为人身龙首，经常在漳水的深潭中巡游，出入时一定会伴有旋风和暴雨。

计蒙　明　蒋应镐绘图本

涉蟲

【原文】

5.102　又东百五十里，曰岐山[1]，其阳多赤金，其阴多白珉[2]，其上多金、玉，其下多青雘[3]，其木多樗[4]。神涉蟲处之[5]，其状人身而方面，三足。

涉蟲

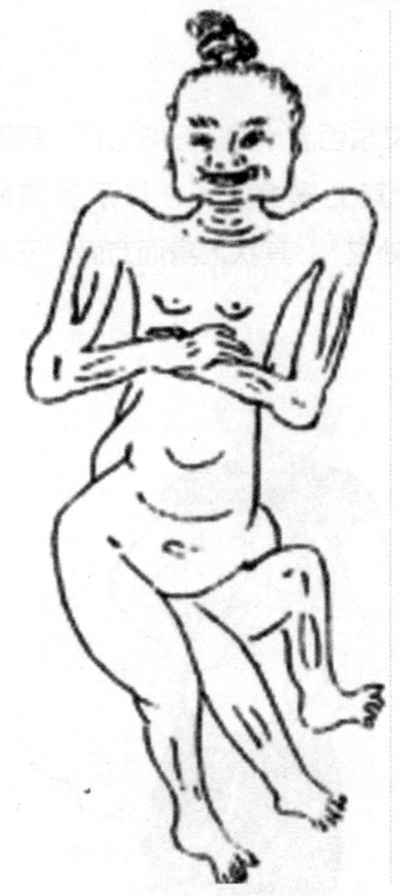

涉蟲　清　汪绂图本

【注释】

①岐山：山名。一说为湖北红安县境内的天台山；一说在安徽境内。

②瑉（mín）：一种像玉的美石。

③青雘（huò）：青色的可做颜料的矿物。

594

④樗（chū）：臭椿树。

⑤涉蟲（tuó）：神名。

【译文】

再向东一百五十里有座山，名叫岐山。山的南面有很多赤金，北面有许多似玉的白色美石，山上有许多金和玉，山下有许多可做颜料的矿物，山中生长的树木多为臭椿树。有个名叫涉蟲的神就住在这座山上，这位神长着人的身子，脸部为方形，有三只脚。

山海经地理古今考	《山海经》中名称	今　考
	陆陒之山	湖北省孝感市的大悟山
	光　山	在河南省光山县
	岐　山	一说是湖北省红安县境内的天台山；一说在安徽省境内

【原文】

5.103　又东百三十里，曰铜山①，其上多金、银、铁，其木多穀、柞、柤、栗、橘、櫾②，其兽多豹③。

【注释】

①铜山：山名，即石门山。

②穀（gǔ）：构树。柞（zuò）：柞树。柤：同"楂"，指山

楂。櫾：同“柚”。

③犳（zhuó）：传说中的一种兽。一说即豹。

【译文】

再向东一百三十里有座山，名叫铜山，山上有很多金、银、铁，山中生长的树木多为构树、柞树、山楂树、栗树、橘树、柚树，山中的野兽多是犳。

【原文】

5. 104　又东北一百里，曰美山[①]，其兽多兕、牛[②]，多闾、麈[③]，多豕、鹿[④]，其上多金，其下多青雘[⑤]。

【注释】

①美山：山名。一说为大别山中的大同尖山；一说在安徽境内。

②兕：犀牛一类的兽。

③闾（lǘ）：兽名。麈（zhǔ）：鹿一类的动物。

④豕（shǐ）：猪。

⑤青雘（huò）：青色的可做颜料的矿物。

【译文】

再向东北一百里有座山，名叫美山。山中野兽多为兕和牛，也有很多闾、麈、猪、鹿，山上有许多金，山下有很多可做颜料的青色矿物。

【原文】

5.105　又东北百里，曰大尧之山①，其木多松、柏，多梓、桑②，多机③；其草多竹④；其兽多豹、虎、羚、臭⑤。

【注释】

①大尧之山：大尧山，即今安徽省西部的天柱山。

②梓：梓树。

③机：机木。

④竹：这里指篇竹。

⑤臭（chuò）：兽名。一说指雪豹。

【译文】

再向东北一百里有座山，名叫大尧山，山中生长的树木多为松柏、梓树、桑树和机木；草类多为篇竹；山中的野兽多为豹、虎、羚羊和臭。

【原文】

5.106　又东北三百里，曰灵山①，其上多金、玉，其下多青膱，其木多桃、李、梅、杏。

【注释】

①灵山：山名。一说在今湖北境内；一说在今安徽境内。

【译文】

再向东北三百里有座山，名叫灵山，山上有很多金和玉，山下有很多可做颜料的青雘，山中生长的树木多是桃树、李树、梅树和杏树。

【原文】

5.107　又东北七十里，曰龙山①，上多寓木②，其上多碧③，其下多赤锡④，其草多桃枝、钩端⑤。

【注释】

①龙山：山名，在今安徽境内。

②寓木：即寄生树，寄生在树木上的植物。

③碧：青绿色的玉石。

④赤锡：一说应作"赤铜"，因为没有红色的锡。

⑤桃枝：矮竹。钩端：即刺竹。

龙山

【译文】

再向东北七十里有座山，名叫龙山，山上有许多寄生在别的树上的树，还有许多青绿色玉石，山下有许多赤锡，山中的草类多为桃枝竹、钩端竹。

【原文】

5.108　又东南五十里，曰衡山^①，上多寓木、榖、柞^②，多黄垩、白垩^③。

【注释】

①衡山：山名，在今安徽境内。

②榖（gǔ）：构树。柞（zuò）：柞树。

③垩（è）：可用来涂饰的有色土。

【译文】

再向东南五十里有座山，名叫衡山，山上有许多寄生在别的树上的树，以及构树和柞树，还有很多可做涂料的黄垩和白垩。

【原文】

5.109　又东南七十里，曰石山^①，其上多金，其下多青雘，多寓木。

【注释】

①石山：山名，在今安徽境内。

【译文】

再往东南七十里有座山，名叫石山，山上有很多金，山下有很多可做颜料的青色矿物，还生长着许多长在别的树上的树。

【原文】

5.110　又南百二十里，曰若山①，其上多瑹玡之玉②，多赭③，多邽石④，多寓木，多柘⑤。

【注释】

①若山：山名，即今安徽省青阳县的九华山。

②瑹（tū）玡（fú）：美玉名。

③赭（zhě）：红土。

④邽（guī）：通"圭"，宝玉名。一说应作"封"。

⑤柘（zhè）：柘树。

【译文】

再向南一百二十里有座山，名叫若山，山上有许多玡玉，也有许多红土，还有许多邽石，山中生长着很多寄生在别的树上的树，也有很多柘树。

【原文】

5. 111　又东南一百二十里，曰崲山①，多美石，多柘。

【注释】

①崲山：山名，即今安徽黄山。

【译文】

再向东南一百二十里有座山，名叫崲山，山中有许多美丽的石头，有许多柘树。

【原文】

5. 112　又东南一百五十里，曰玉山①，其上多金玉，其下多碧、铁②，其木多柏。

【注释】

①玉山：山名，在今安徽绩溪县东。
②碧：青绿色的玉石。

【译文】

再向东南一百五十里有座山，名叫玉山，山上有许多金和玉，山下有许多青绿色的玉石和铁，山中生长的树多为柏树。

【原文】

5.113　又东南七十里，曰灌山①，其木多檀②，多邽石，多白锡。郁水出于其上③，潜于其下，其中多砥砺④。

【注释】

①灌（huān）山：山名，即今浙江湖田山。

②檀：檀树。

③郁水：水名，今浙江的新安江。

④砥砺：磨刀石。

【译文】

再往东南七十里有座山，名叫灌山，山中生长的树多为檀树，山里还有许多邽石、白锡。郁水发源于此山的上面，在山下潜流，水中有许多磨刀石。

【原文】

5.114　又东北百五十里，曰仁举之山①，其木多穀、柞②，其阳多赤金，其阴多赭③。

【注释】

①仁举之山：仁举山，在今安徽省绩溪县。

②穀（gǔ）：构树。柞（zuò）：柞树。

③赭（zhě）：红土。

【译文】

再向东北一百五十里有座山，名叫仁举山，山中的树木多是构树和柞树，山的南面有许多赤金，北面有许多红土。

	《山海经》中名称	今　考
山海经地理古今考	巘　山	安徽省黄山市的黄山
	玉　山	在安徽省绩溪县东部
	谨　山	浙江省的湖田山
	郁　水	浙江省的新安江
	豕	猪
	兕	犀牛一类的兽
	臭	可能指雪豹

【原文】

5.115　又东五十里，曰师每之山①，其阳多砥砺，其阴多青雘②。其木多柏，多檀③，多柘④；其草多竹⑤。

【注释】

①师每之山：师每山，在今安徽省境内。

②青䨼（huò）：青色的可做颜料的矿物。

③檀：檀树。

④柘（zhè）：柘树。

⑤竹：这里指篃竹。

【译文】

再往东五十里有座山，名叫师每山，山的南面有许多磨刀石，北面有许多可做颜料的青䨼。山中的树木多为柏树、檀树、柘树；草类多是篃竹。

【原文】

5.116　又东南二百里，曰琴鼓之山①，其木多榖、柞、椒、柘②；其上多白珉③，其下多洗石④；其兽多豕、鹿⑤，多白犀；其鸟多鸩⑥。

琴鼓山

604

【注释】

①琴鼓之山：琴鼓山。一说在今浙江境内；一说在今安徽境内。

②榖（gǔ）：构树。柞（zuò）：柞树。椒：这里指胡椒或花椒。

③珉：像玉的美石。

④洗石：含碱之石，能溶解污垢。

⑤豕（shǐ）：猪。

⑥鸩：传说中的一种毒鸟。

【译文】

再向东南二百里有座山，名叫琴鼓山，山中的树木多为构树、柞树、椒树和柘树；山上有许多似玉的白石，山下有许多洗石；山中的野兽多为猪、鹿、白色的犀牛；鸟类多为鸩鸟。

【原文】

5.117　凡荆山之首，自景山至琴鼓之山，凡二十三山，二千八百九十里。其神状皆鸟身而人面。其祠：用一雄鸡祈瘗①，用一藻圭②，糈用稌③。骄山，冢也④。其祠：用羞酒少牢祈瘗⑤，婴毛一璧⑥。

鸟身人面神

【注释】

①祈：向神求福。瘗（yì）：埋葬。

②藻圭：有彩纹的圭玉。

③糈（xǔ）：祭神用的精米。稌（tú）：稻子，特指糯稻。

④冢：大。这里指大的山神。

⑤羞：进献食品。这里指贡献祭品。少牢：古代祭祀用羊和猪作为祭品称少牢。

⑥婴：颈上的饰物。毛：应作"用"。璧：平圆形中间有孔的玉。

鸟身人面神　清　汪绂图本

【译文】

总计荆山山系中的山，自首座山景山起到琴鼓山止，共有二十三座山，距离为二千八百九十里。这些山的山神的形状皆是鸟身人面。祭祀山神的仪式为：以一只雄鸡作为祭品，祈祷完毕后埋入地下，用一块带彩色花纹的圭，祭神时的精米要用糯米。骄山，是大的山神居住之地。祭祀该山神的仪式为：以酒、猪、羊为祭品，祈祷后埋入地下，以一块璧作为饰物悬挂在山神的颈部。

	《山海经》中名称	今　考
山海经 地　理 古今考	师每之山	安徽省绩溪县一带的山川
	琴鼓之山	安徽省徽州大鄣山
	荆　山	湖北省北部的一座山

九、中次九经

【导读】

《中次九经》记述了从女几山到贾超山共计十六座山的地理位置和山川风貌。他们大致分布在今四川、重庆、湖北一带。

这列山系中草木繁盛，而怪异的鸟兽罕见，多是猪、鹿、羚羊之类的寻常兽类。出产的矿物多为铁和白金。

【原文】

5.118　中次九经岷山之首①，曰女几之山②，其上多石涅③，其木多杻、橿④，其草多菊、茱⑤。洛水出焉⑥，东注于江。其中多雄黄，其兽多虎、豹。

【注释】

①岷山：山系名，位于甘肃省西南、四川省北部，为西北——东南走向。

②女几之山：女几山。可能为今四川什邡（fāng）市的九顶山。

③石涅：即石墨。

④杻（niǔ）：檍树。橿（jiāng）：木名。古时用作造车的材料。

⑤茱：术属植物如白术、苍术等的泛称。

⑥洛水：水名。可能为四川沱江的源头之一石亭江。

【译文】

中次九经岷山山系的首座山，名叫女几山，山上有许多石墨，山中的树木多为杻树、橿树，草类多为菊、茱。洛水发源于此山，向东流入长江。山中有许多雄黄，兽类多是虎和豹。

【原文】

5.119　又东北三百里，曰岷山①。江水出焉②，东

北流注于海，其中多良龟③，多鼍④。其上多金玉，其下多白珉⑤。其木多梅、棠⑥，其兽多犀、象，多夔牛，其鸟多翰、鷩⑦。

【注释】

①岷山：山名。在今四川松潘县北。

②江水：指长江。

③良龟：品种优良的龟。

④鼍（tuó）：即扬子鳄。

⑤珉：像玉的石。

⑥棠：即棠梨。

⑦翰：即白翰，白雉。鷩（bì）：即锦鸡。

良龟

【译文】

再往东北三百里有座山，名叫岷山。长江发源于此，向东北流入大海，水中有很多品种优良的龟，还有许多扬子鳄。山上有许多金和玉，山下有许多似玉的白石。山中的树木多为梅树和棠树，兽类多是犀牛、象、夔牛，鸟类多是白翰和锦鸡。

鼍　清　汪绂图本

【鼍】

鼍的形状像蜥蜴，长两丈，四足而有爪，鳞片光鲜艳丽，其实就是现在的扬子鳄。它是水陆两栖动物，卵生，冬天会在洞穴中冬眠，性情凶猛，栖息于河湖浅滩上，白天浮水晒太阳睡觉，晚上出来捕食兽类、鱼虾等。

612

　　古人认为，鼍是一种神鱼，能横向飞翔，吞云吐雾。一些考古学家经过研究认为，鼍就是中国龙的原型。河南仰韶文化出土的用蚌壳摆成的龙的图案中，龙的前脚是五爪，后脚是四爪，跟鼍一模一样。而鼍的出没，常常与云、雨、雷、电等天象密切相关，与传说中龙呼云唤雨的能力一致。还有一说，古人常以动物发出的声音为其命名，鼍能发出像打雷一样"隆隆"的声音，因此，龙这个名字很可能取自其音"隆"。

【原文】

　　5.120　又东北一百四十里，曰崃山[1]。江水出焉[2]，东流注于大江[3]。其阳多黄金，其阴多麋、麈[4]，其木多檀、柘[5]，其草多韮、韭[6]，多药[7]，空夺[8]。

【注释】

①崃（lái）山：即今邛（qióng）崃山。

②江水：这里指长江的支流。

③大江：指长江。

④麈（zhǔ）：鹿一类的动物。

⑤檀：檀树。柘（zhè）：柘树。

⑥韮（xiè）：同"薤"。

⑦药：即白芷。

⑧空夺：一说指寇脱；一说指蛇蜕。

【译文】

再往东北一百四十里有座山，名叫崃山。江水发源于此，向东流入长江。山的南面有许多黄金，北面有许多麋鹿、麈。山中的树多为檀树、柘树，草类多是薤、韭菜、白芷和空夺。

山海经地理古今考	《山海经》中名称	今 考
	岷 山	在甘肃省的西南部和四川北部
	洛 水	可能是石亭江，为四川沱江的源头之一
	崃 山	四川省阿坝藏族羌族自治州的邛崃山

【原文】

5.121　又东一百五十里，曰崌山①。江水出焉②，东流注于大江③，其中多怪蛇，多鳖鱼④。其木多楢、杻⑤，多梅、梓⑥，其兽多夔牛、羚、臭、犀、兕⑦。有鸟焉，状如鸮而赤身白首⑨，其名曰窃脂，可以御火。

【注释】

①崌（jū）山：山名，在今西川西部、邛（qióng）崃山以东。

窃脂

②江水：这里指长江的支流。

③大江：指长江。

④鳘（zhì）鱼：鱼名，一说指鲥鱼。

⑤楢（yóu）：木名。材料刚硬，可以用来制造车子。杻（niǔ）：檍树。

⑥梓：梓树。

⑦㺢（chuò）：兽名，一说指雪豹。

⑧兕：一种类似犀牛的动物。

⑨鸮（xiāo）：猫头鹰一类的鸟。

窃脂　清　汪绂图本

【译文】

　　再向东一百五十里有座山，名叫崌山。江水发源于此，向东流入长江，水中有许多怪蛇，也有许多鳖鱼。山中的树木多是楢树、杻树、梅树和梓树，野兽多是夔牛、羚羊、臭、犀牛。山中有一种鸟，形状与猫头鹰相似，身子是红色的，脑袋是白色的，这种鸟名叫窃脂，可以用来防御火灾。

【原文】

　　5.122　又东三百里，日高梁之山[1]，其上多垩[2]，其下多砥砺[3]，其木多桃枝、钩端[4]。有草焉，状如葵而赤华、荚实、白柎[5]，可以走马[6]。

【注释】

①高梁之山：今四川大剑山。

②垩（è）：可用来涂饰的有色土。

③砥砺：磨刀石。

④桃枝：矮竹。钩端：刺竹。

⑤荚：豆科植物的长形果实，亦指狭长无隔膜的其他草木的果实。柎（fū）：花萼，花瓣外部的一圈叶状绿色小片。

⑥走马：使马跑得快。

【译文】

再往东三百里有座山，名叫高梁山，山上有许多可做涂料的有色土，山下有许多磨刀石，山里的树木多是桃枝和钩端。山中有一种草，形状与葵相似，开红色的花，结荚果，长着白色的花萼，可使马儿跑得快。

【原文】

5.123　又东四百里，曰蛇山①，其上多黄金，其下多垩②，其木多枸③，多豫章④，其草多嘉荣、少辛⑤。有兽焉，其状如狐而白尾长耳，名独㹸⑥，见则国内有兵。

【注释】

①蛇山：山名，可能是四川江水县的光雾山。

②垩（è）：可用来涂饰的有色土。

③枸（xún）：枸子木，叶子卵形，果实球形，多为红色。

④豫章：樟树。

⑤少辛：细辛。

⑥狿（shì）狼：传说中的一种兽。一说指狼的一种。

狿狼

狿狼　清　汪绂图本

【译文】

再向东四百里有座山，名叫蛇山，山上有许多黄金，山下有许多可做涂料的有色土，山中的树木多为栒树、樟树，草类多为嘉荣、细辛。山中有一种兽，它的形状与狐狸相似，尾巴是白色的，耳朵长长的，这种兽名叫狾狼，它只要一出现，国内就会爆发战争。

【原文】

5.124　又东五百里，曰鬲山[1]，其阳多金，其阴多白珉[2]。蒲鸏之水出焉[3]，而东流注于江，其中多白玉。其兽多犀、象、熊、罴[4]，多猿、蜼[5]。

【注释】

[1]鬲（gé）山：山名，可能为重庆开县与宣汉县的界山观面山。

[2]珉：像玉的美石。

[3]蒲鸏（hōng）之水：蒲鸏水，水名，观面山附近临江小河。

[4]罴（pí）：棕熊。

[5]蜼（wèi）：一种长尾猿。

蜼

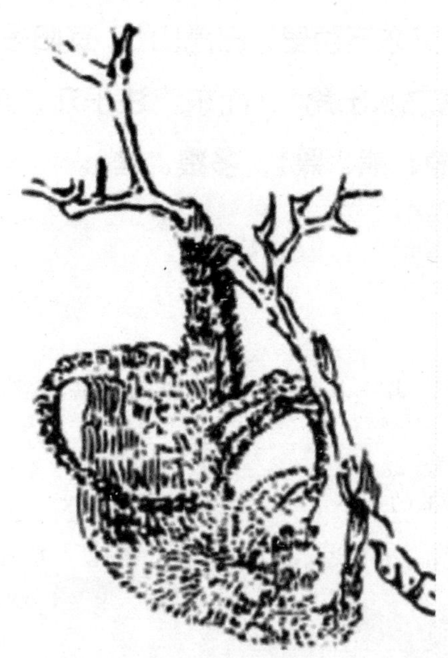

蜼　清　汪绂图本

【译文】

再向东五百里有座山，名叫嗝山，山的南面有很多金，北面有许多似玉的白石。蒲鹈水发源于此山，向东流入长江，水中有许多白玉。山中的野兽多是犀牛、象、熊和罴，山中有许多猿和蜼。

山海经动物古今考	《山海经》中名称	今　考
	蜼	一种长尾猿
	臭	一说指雪豹

【原文】

5.125　又东北三百里，曰隅阳之山①，其上多金、玉，其下多青雘②，其木多梓、桑③，其草多茈④。徐之水出焉⑤，东流注于江，其中多丹粟⑥。

隅阳之山

【注释】

①隅阳之山：隅阳山，在今重庆市东北部云阳县境内。

②青艧（huò）：青色的可做颜料的矿物。

③梓：梓树。

④茈（zǐ）：即紫草。

⑤徐之水：徐水，可能为长滩河。

⑥丹粟：丹砂。

【译文】

再向东北三百里有座山，名叫隅阳山，山上有许多金和玉，山下有许多可做颜料的青艧，山中的树木多是梓树、桑树，草类多是紫草。徐水发源于此山，向东流入长江，水中有许多丹砂。

【原文】

5.126　又东二百五十里，曰岐山①，其上多白金，其下多铁，其木多梅、梓，多杻、楢②。减水出焉③，东南流注于江。

【注释】

①岐山：山名，今重庆奉节县横段山。

②杻（niǔ）：檍树。楢（yóu）：木名，木质刚硬，可以用来造车。

③减水：水名。重庆巫溪县分水河。

【译文】

再往东二百五十里有座山，名叫岐山，山上有许多白金，山下有许多铁，山中的树木多是梅树、梓树、杻树、楢树。减水发源于此，向东南流入长江。

【原文】

5.127　又东三百里，曰勾㺫之山①，其上多玉，其下多黄金，其木多栎、柘②，其草多芍药。

【注释】

①勾㺫（mí）之山：勾㺫山，今重庆奉节县白帝山。
②栎（lì）：栎树。柘（zhè）：柘树。

【译文】

再往东三百里有座山，名叫勾㺫山，山上有许多玉，山下有许多黄金，山里的树木多是栎树和柘树，草类多是芍药。

【原文】

5.128　又东一百五十里，曰风雨之山①，其上多白金，其下多石涅②，其木多椒、樿③，多杨。宣余之水出焉④，东流注于江，其中多蛇。其兽多闾、麋⑤，多麖、豹、虎⑥，其鸟多白鹥⑦。

【注释】

①风雨之山：风雨山，今重庆巫山。

②石涅：即石墨。

③楸（zōu）：木名。樿（shàn）：白理木，木纹结白。

④宣余之水：宣余水，可能为今重庆巫山县的大宁河。

⑤闾（lú）：兽名。

⑥麈（zhǔ）：鹿一类的动物。

⑦䴔（jiāo）：䴔䴖。

【译文】

再往东一百五十里有座山，名叫风雨山，山上有许多白金，山下有许多石墨，山中的树木多是楸树、樿树，也有许多杨树。宣余水发源于此山，向东流入长江，水中有很多水蛇。山中的兽类多是闾、麋鹿，也有很多麈、豹、虎，鸟类多是䴔䴖。

【原文】

5.129　又东北二百里，曰玉山①，其阳多铜，其阴多赤金，其木多豫章、楢、杻②，其兽多豕、鹿、羚、臭③，其鸟多鸩④。

【注释】

①玉山：山名，今重庆巫溪县凤凰岭。

②豫章：樟树。楢（yóu）：木名。豕（shǐ）：猪。

③臭（chuò）：兽名。

④鸩（zhèn）：传说中的一种毒鸟。

【译文】

再向东二百里有座山，名叫玉山，山的南面有许多铜，北面有许多赤金，山中的树木多是樟树、楢树和杻树，兽类多为猪、鹿、羚羊和臭，鸟类多是鸩鸟。

【原文】

5.130　又东一百五十里，曰熊山①。有穴焉，熊之穴，恒出入神人，夏启而冬闭。是穴也，冬启乃必有兵。其上多白玉，其下多白金。其木多樗、柳②，其草多寇脱③。

【注释】

①熊山：山名，今湖北巴东县珍珠岭。

②樗（chū）：臭椿树。

③寇脱：通脱木的别名，俗称通草。

【译文】

再往东一百五十里有座山，名叫熊山。山中有一洞穴，是熊的居住之所，经常有神人出入，（这个洞）夏天开启，冬天关闭。这个洞如果在冬天开启，就一定会有战争发生。山上有许多白玉，山下有许多白金。山中生长的树多是臭椿树和柳树，草类多是通草。

【原文】

5.131　又东一百四十里，曰騩山①，其阳多美玉、赤金，其阴多铁，其木多桃枝、荆、芭②。

【注释】

①騩山：山名，今湖北秭归县将军山。
②桃枝：矮竹。芭：芭蕉。

【译文】

再往东一百四十里有座山，名叫騩山，山的南面有许多美玉和赤金，北面有许多铁，山中生长的树木多为桃枝、荆以及芭蕉。

	《山海经》中名称	今　考
山海经地理古今考	风雨之山	重庆市巫山县的巫山
	玉　山	重庆市巫溪县的凤凰岭
	熊　山	湖北省巴东县的珍珠岭
	騩　山	湖北省秭归县的将军山
	麈	鹿一类的动物
	鸲	鸲雉
	鸩	传说中的一种毒鸟

【原文】

5.132　又东二百里，曰葛山^①，其上多赤金，其下多瑊石^②，其木多柤、栗、橘、櫾、楂、柚^③，其兽多羚、臭，其草多嘉荣。

【注释】

①葛山：山名，在今湖北兴山县。

②瑊（jiān）石：似玉的美石。

③柤（zhā）：同"楂"，指山楂。櫾（yòu）：同"柚"。

【译文】

再向东二百里有座山，名叫葛山，山上有许多赤金，山下有许多瑊石，山中的树木多是山楂树、栗树、橘树、柚树、楂树、柚树，兽类多为羚羊、臭，草类多为嘉荣。

葛山

【原文】

5.133　又东一百七十里，曰贾超之山[1]，其阳多黄垩[2]，其阴多美赭[3]，其木多柤、栗、橘、櫾，其中多龙修[4]。

【注释】

①贾超之山：贾超山，在今湖北远安县。

②垩（è）：可用来涂饰的有色土。

③赭（zhě）：红土。

④龙修：龙须草。

【译文】

再往东一百七十里有座山，名叫贾超山，山的南面有许多可做涂料的黄色土，北面有许多优质的红土，山中的树木多为山楂树、栗树、橘树和柚树，山中还长着许多龙须草。

【原文】

5.134　凡岷山之首，自女几山至于贾超之山，凡十六山，三千五百里。其神状皆马身而龙首。其祠：毛用一雄鸡瘗[1]，糈用稌[2]。文山、勾㣟、风雨、騩之山[3]，是皆冢也[4]。其祠之：羞酒[5]，少牢具[6]，婴毛一吉玉[7]。熊山，席也[8]。其祠：羞酒，太牢具[9]，婴毛一璧⑩。干儛⑪，用兵以禳⑫；祈⑬，璆冕舞⑭。

【注释】

①毛：祭祀用的带毛的动物。瘗（yì）：埋葬。

②糈（xǔ）：祭神用的精米。稌（tú）：稻子，特指糯稻。

③文山：岷山。

④冢：大。这里指大的山神。

⑤羞：进献食品。这里是贡献祭品的意思。

⑥少牢：古代祭祀用羊和猪做祭品，称少牢。

马身龙首神

⑦婴：颈上的饰物。毛：应作"用"。吉玉：彩色的玉。

⑧席：一说应作"帝"，这里是首领的意思。

⑨太牢：古代祭祀，牛、羊、猪三牲俱备谓之太牢。

⑩璧：平圆形、中间有孔的玉。

⑪干：盾牌。儛：跳舞。

⑫禳（ráng）：祈祷消除灾殃。

⑬祈：向神求福。

⑭璆（qiú）：同"球"，美玉。冕：是古代帝王、诸侯及卿大夫的礼帽。这里泛指礼帽。

马身龙首神　清　汪绂图本

【译文】

总计岷山山系的首尾，自女几山起到贾超山止，总共有十六座山，距离为三千五百里。这些山神的形状都是马身龙头。祭祀这些山神的方法为：以一只雄鸡作为毛物，埋入地下作为祭品，以糯米作为祭祀用的精米。文山、勾祢山、风雨山、騩山，皆是大的山神的居住之所。祭祀这几位山神的仪式为：向他们敬献美酒，用猪、羊二牲齐备的少牢之礼，以一块彩色的玉作为悬挂在山神颈部的饰物。熊山山神，是诸山神的首领。祭祀这位山神的仪式为：向其敬酒，用猪、羊、牛三牲齐备的太牢之礼，以一块玉璧作为悬挂在山神颈部的饰物。祭祀时，手拿盾牌起舞，以求消除战争灾祸；祈祷时，手持美玉、头戴礼帽跳舞。

山海经地理古今考	《山海经》中名称	今　考
	葛　山	湖北省兴山县的香炉山
	贾超之山	湖北省远安县的凤阳山

狸力　柜山上的畏兽，样子像猪，四肢却长出了爪子，带有锯齿。见到它的地方，地面多起伏，所以猜测狸力善于挖土。

獭或者獂是乾山的三足兽，样子像牛，叫声像呼唤自己的名字"獂"。出自《山海经@北次三经》：又北四百里，曰千山，无草木，其阳有金玉，其阴有铁而无水。

十、中次十经

【导读】

《中次十经》记述了从首阳山到丙山共计九座山的地理位置和山川风貌。它们大致分布在今河南、湖北一带。

这列山系中的山草木繁盛，出产黄金、玉石、铁等矿物。还有一种怪鸟能预测瘟疫，名字叫做跂踵。

【原文】

5.135　中次十经之首，曰首阳之山①，其上多金玉，无草木。

【注释】

①首阳之山：首阳山。一说在今河南偃师市；一说在今湖北黄石市。

【译文】

中次十经中的首座山，名叫首阳山，山上有许多金和玉，山中不长草木。

【原文】

5.136　又西五十里，曰虎尾之山，其木多椒、椐①，多封石②，其阳多赤金，其阴多铁。

【注释】

①椒：这里指胡椒或花椒。椐（jū）：又叫灵寿木，古人用作手杖。

②封石：一种可作药用的矿物，味甜，无毒。

【译文】

再向西五十里有座山，名叫虎尾山，山中的树木多为椒树和椐树，也有许多封石，山的南面有许多赤金，北面有许多铁。

【原文】

5.137　又西南五十里，曰繁缋之山①，其木多楮、柤，其草多枝勾②。

【注释】

①繁缋（huì）之山：繁缋山。一说在今湖北鄂州市；一说在今河南洛阳东北。

②枝勾：草名。可能指桃枝和钩端。

【译文】

再向西南五十里有座山，名叫繁缋山，山中的树木多为楮树和柤树，草类多为枝勾。

【原文】

5.138　又西南二十里，曰勇石之山①，无草木，多白金，多水。

【注释】

①勇石之山：勇石山，山名。

【译文】

再向西南二十里有座山，名叫勇石山，山中不长草木，有

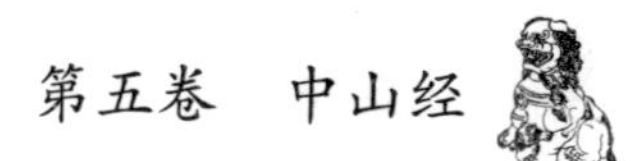

许多白金，还有许多水。

【原文】

5.139　又西二十里，曰复州之山，其木多檀①，其阳多黄金。有鸟焉，其状如鸮而一足、彘尾②，其名曰跂踵，见则其国大疫。

【注释】

①檀：檀树。

②鸮（xiāo）：猫头鹰一类的鸟。彘（zhì）：猪。

【译文】

再往西二十里有座山，名叫复州山，山中的树木多是檀树，山的南面有许多黄金。山中有一种鸟，它的形状与猫头鹰相似，长着一只脚、猪一样的尾巴，这种鸟名叫跂踵，它出现在哪个国家，哪个国家就会有大的瘟疫发生。

跂踵　清　吴任臣康熙图本

【原文】

5.140　又西三十里，曰楮山[1]，多寓木[2]，多椒、椐[3]，多柘[4]，多垩[5]。

【注释】

①楮（chǔ）山：山名，可能在今河南孟津县。

②寓木：寄生在树木上的植物。

③椒：这里指花椒和胡椒。椐（jū）：又叫灵寿木。

④柘（zhè）：柘树。

⑤垩（è）：可用来涂饰的有色土。

【译文】

再往西三十里有座山，名叫楮山，山中有许多寄生在别的树上的树，也有许多椒树、椐树和柘树，还有许多可做涂料的有色土。

	《山海经》中名称	今　考
山海经地理古今考	首阳之山	一说在湖北省黄石市；一说在河南省偃师市
	繁缋之山	一说在湖北省鄂州市；一说在河南省洛阳市的东北部
	楮　山	可能在今河南省孟津县

【原文】

5.141　又西二十里，日又原之山，其阳多青雘[1]，其阴多铁，其鸟多鸜鹆[2]。

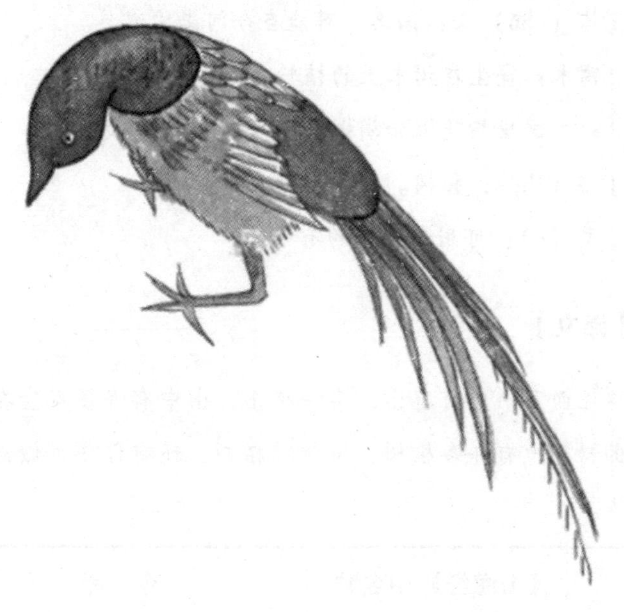

鸜鹆

【注释】

①青雘（huò）：青色的可做颜料的矿物。

②鸜（qú）鹆（yù）：即八哥。

鹳鹆　清　《禽虫典》本

【译文】

再向西二十里有座山，名叫又原山。山的南面有许多可做颜料的青色矿物，北面有许多铁，山中的鸟多是八哥。

【原文】

5.142　又西五十里，曰涿山①，其木多穀、柞、杻②，其阳多㻬琈之玉③。

【注释】

①涿山：山名。一说即蜀山，在今甘肃境内。

②榖（gǔ）：构树。柞（zuò）：柞树。杻（niǔ）：檍树。

③琈（tū）珼（fú）：美玉名。

【译文】

再往西五十里有座山，名叫涿山，山中生长的树多为构树、柞树和杻树，山的南面有许多珼玉。

【原文】

5.143　又西七十里，曰丙山，其木多梓、檀①，多弞杻②。

【注释】

①梓：梓树。檀：檀树。

②弞（shěn）杻：杻树的树干多是弯曲的，而弞杻不同于一般杻树，其树干长得比较直。

【译文】

再向西七十里有座山，名叫丙山，山中的树木多为梓树和檀树，也有许多弞杻树。

【原文】

5.144　凡首阳山之首，自首山至于丙山，凡九山，二百六十七里。其神状皆龙身而人面。其祠之：毛用一雄鸡瘗①，糈用五种之糈②。堵山，冢也③，其祠之：少牢具④，羞酒祠⑤，婴毛一璧瘗⑥。騩山，帝也，其祠：羞酒，太牢具⑦；合巫、祝二人儛⑧，婴一璧。

龙身人面神　清　汪绂图本

【注释】

①毛：祭祀时用的带毛的动物。瘗（yì）：埋葬。

②糈（xǔ）：祭神用的精米。五种之糈：指去过皮的黍、稷、稻、粱、麦。

③冢：大。这里指大的山神。

④少牢：古代祭祀用羊和猪作为祭品称少牢。

⑤羞：进献食品。这里指贡献祭品。

⑥婴：颈上的饰物。毛：应作"用"。璧：平圆形、中间有孔的玉。

⑦太牢：古代祭祀，牛、羊、猪三牲俱备谓之太牢。

⑧巫：古代以求神、占卜为职业的人。祝：祭祀时主持祭礼的人。儛：跳舞。

蜀山

【译文】

　　总计首阳山山系中的山，自第一座山首阳山起到丙山止，总共有九座山，距离为二百六十七里。这些山的山神形状都是龙身人面。祭祀这些山神的仪式为：用一只雄鸡作为毛物，埋入地下作为祭品，用去壳的黍、稻、稷、麦、粱五种米作为祭祀用的精米。堵山，是大的山神的居住之所，祭祀这位山神的仪式为：用猪、羊二牲齐备的少牢之礼，并向其敬献美酒来祭祀，以一块璧作为悬挂在山神颈部的饰物，并将其埋入地下。骄山山神，是诸山神的首领，祭祀这位山神的方法为：向其敬献美酒，用猪、牛、羊三牲齐备的太牢之礼，让巫和祝二人一起跳舞，以一块璧作为挂在山神颈部的饰物。

中次十一经路线示意图

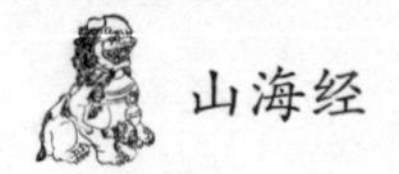

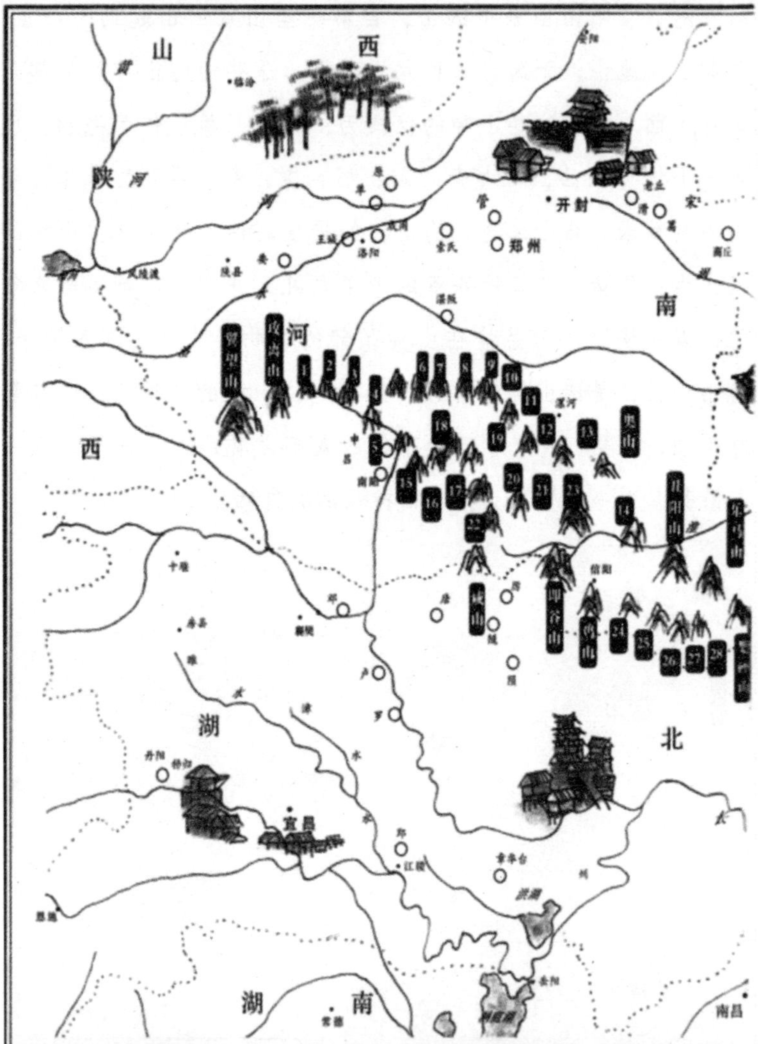

1. 高前山 2. 游戏山 3.倚帝山 4. 鲵山 5. 丰山 6. 雅山 7.免床山 8. 皮山 9. 章山 10. 瑶碧山 11. 祑篙山

山 22.前山 23. 历石山 24. 卑山 25. 虎首山 26. 婴山 27. 婴侯山 28. 从山 29. 毕山 30. 琚山 31. 鲜山

12. 菫理山　13. 帝囷山　14. 罗山　15. 倚帒山　16. 大騩山　17. 白山　18. 朝歌山　19. 大騩山　20. 视山　21. 宣
32. 区吴山　33. 大支山　34. 声匈山　35. 服山　36. 音山

十一、中次十一经

【导读】

《中次十一经》记述了自翼望山至凡山共计四十八座山的地理位置和山川风貌。这些山大致分布在今河南、湖北、安徽境内。

　　这列山系中记录的山众多，但山中的植物和禽鸟兽类却多是常见的生物。怪兽只有为数不多的几种，如黄色毛皮、红嘴红眼，貌似猿猴的灾兽雍和；形状似狗、全身长满鳞甲的獙等。此外，经中还记录了现在的国家一级保护动物——扬子鳄。

【原文】

　5.145　中次一十一山经荆山之首①，曰翼望之山②。湍水出焉③，东流注于济④；贶水出焉⑤，东南流注于汉⑥，其中多蛟⑦。其上多松、柏，其下多漆、梓⑧，其阳多赤金，其阴多珉⑨。

【注释】

①山：是衍文。荆山：山系名，在今河南西部，是熊耳山和伏牛山的总称。

②翼望之山：翼望山，在今河南内乡县北。

③湍水：即今湍河，源于伏牛山之老君山。

④济：济水，可能为今河南洛阳的白河。

⑤贶（kuàng）水：水名，可能为今淅河，发源于熊耳山。

⑥汉：今汉江。

⑦蛟：蛟龙。

⑧漆：漆树。梓：梓树。

⑨珉：像玉的石。

【译文】

中次十一经荆山山系的第一座山，名叫翼望山。湍水发源于此山，向东流入济水；贶水也发源于此山，向东南流入汉水，水中有许多蛟龙。山上有许多松柏，山下有许多漆树、梓树，山的南面有许多赤金，北面有许多像玉一样的美石。

【原文】

5.146　又东北一百五十里，曰朝歌之山①。沃水出焉②，东南流注于荥③，其中多人鱼④。其上多梓、枏⑤，其兽多羚、麋。有草焉，名曰莽草⑥，可以毒鱼。

【注释】

①朝歌之山：朝歌山，在今河南泌阳县西北。

②沃（wǔ）水：水名，今舞阳河，注入汝河。

③荥（xíng）：汝河。

④人鱼：大鲵，俗称娃娃鱼。

⑤枏：同"楠"，楠木。

⑥莽草：芒草，又叫芒。一说为水莽，有剧毒。

【译文】

再向东北一百五十里有座山，名叫朝歌山。水发源于此山，向东南流入荥水，水中有许多娃娃鱼。山上长着许多梓树、楠树，山中的野兽多是羚羊、麋鹿。山中有一种草，名叫莽草，能够毒死鱼类。

【原文】

5.147　又东南二百里，曰帝囷之山[①]，其阳多琚珸之玉[②]，其阴多铁。帝囷之水出于其上，潜于其下，多鸣蛇。[③]

【注释】

①帝囷之山：帝囷山，在今河南舞阳县。

②琚（tū）珸（fú）：美玉名。

③鸣蛇：传说中的一种动物，形似蛇而长着四只翅膀。

【译文】

再往东南二百里有座山，名叫帝囷山，山的南面有许多琚珸玉，北面有许多铁。帝囷水发源于此山的上面，在山下潜流，水中有许多鸣蛇。

【原文】

5.148　又东南五十里，曰视山[①]，其上多韭。有井焉，名曰天井[②]，夏有水，冬竭。其上多桑，多美垩、金、玉[③]。

【注释】

①视山：山名。一说即今河南桐柏县西的太白顶。

②天井：这里指处在低洼地的水泉。

③垩（è）：可用来涂饰的有色土。

【译文】

再往东南五十里有座山，名叫视山，山上有许多韭菜。山中有一口低洼的水泉，叫做天井，夏天有水，冬天枯竭。山上长着许多桑树，也有很多优质的垩土，还有许多金和玉。

【原文】

5.149　又东南二百里，曰前山[①]，其木多楮[②]，多柏，其阳多金，其阴多赭[③]。

【注释】

①前山：山名。一说为今河南信阳市西的坚山。

②楮（zhū）：常绿乔木，木材坚硬，可以用来制作器具。

③赭（zhě）：红土。

【译文】

再向东南二百里有座山，名叫前山，山上的树木多为楮树、柏树，山的南面有许多金，北面有许多红土。

【原文】

5.150　又东南三百里，曰丰山[①]。有兽焉，其状如猿，赤目、赤喙、黄身[2]，名曰雍和，见则国有大恐。神耕父处之，常游清泠之渊[3]，出入有光，见则其国为败。有九钟焉，是知霜鸣[4]。其上多金，其下多穀、柞、杻、橿[5]。

耕父

【注释】

①丰山：山名。一说在今河南南阳市东北。

②喙（huì）：鸟兽的嘴。

③清泠（líng）之渊：清泠渊，在今河南南阳市。

④知：一作"和"。

⑤榖（gǔ）：构树。柞（zuò）：柞树。杻（niǔ）：檍树。
橿（jiāng）：木名，古时用作造车的材料。

雍和

【译文】

再向东南走三百里有座山，名叫丰山。山中有一种野兽，形状与猿相似，长着红色的眼睛、红色的嘴、黄色的身子，名叫雍和，它出现在哪个国家，哪个国家就会有令人恐慌的事发生。神仙耕父就住在这座山里，他常常到清泠渊巡游，出入时发出闪闪的光亮，他出现在哪个国家，哪个国家就会衰亡。山中有九口钟，只要有霜降落，这九口钟就会发出鸣响。山上有许多金，山下长着许多构树、柞树、杻树和橿树。

【原文】

5.151　又东北八百里，曰兔床之山①，其阳多铁，其木多薯藇②，其草多鸡榖③，其本如鸡卵④，其味酸甘，食者利于人。

【注释】

①兔床之山：兔床山，在今嵩山山区。
②薯藇（yù）：即山药。
③鸡榖（gǔ）：草名。一说指蒲公英。
④本：草木的根茎。

【译文】

再向东北八百里有座山，名叫兔床山，山的南面有许多铁，山中的树木多为薯藇，草类多为鸡榖，这种草的根与鸡蛋相似，味道酸甜，食用后对健康有助。

【原文】

5.152　又东六十里，曰皮山[1]，多垩，多赭[2]，其木多松、柏。

【注释】

①皮山：山名，在今河南境内。

②赭（zhě）：红土。

【译文】

再向东六十里有座山，名叫皮山，山中有许多可做涂料的有色土，也有许多红土，山里的树木多为松、柏。

【原文】

5.153　又东六十里，曰瑶碧之山[1]，其木多梓、枏[2]，其阴多青䨼[3]，其阳多白金。有鸟焉，其状如雉，恒食蜚[4]，名曰鸩[5]。

【注释】

①瑶碧之山：瑶碧山，在今河南境内。

②梓：梓树。枏：同“楠”，楠木。

③青䨼（huò）：青色的可做颜料的矿物。

④蜚：一种有害的小昆虫。

⑤鸩（zhèn）：鸟名。一说指夜鹰。

【译文】

再往东六十里有座山，名叫瑶碧山，山中的树木多为梓树和楠木，山的北面有许多可做颜料的青色矿物，山的南面有许多白金。山中有一种鸟，它的形状与野鸡相似，常常吃蜚虫，这种鸟名叫鸩。

【原文】

5.154　又东四十里，曰支离之山①。济水出焉②，南流注于汉③。有鸟焉，其名曰婴勺，其状如鹊，赤目、赤喙、白身④，其尾若勺，其鸣自呼。多𰒲牛⑤，多㸲羊⑥。

【注释】

①支离之山：支离山，在今河南境内。

②济水：水名，今发源于伏牛山玉皇顶的白河。

③汉：今汉江。

④喙：鸟兽的嘴。

⑤𰒲（zuó）牛：野牛。

⑥㸲（qián）羊：一种野生的大尾羊。

婴勺

婴勺　清　汪绂图本

【译文】

再向东四十里有座山，名叫支离山。济水发源于此，向南流入汉江。山中有一种鸟，名叫婴勺，它的形状与喜鹊相似，长着红色的眼睛、红色的嘴巴、白色的身子，尾巴形状像勺子，它的鸣叫声就像是在呼叫自己的名字。山中还有许多牛和羬羊。

【原文】

5.155　又东北五十里，曰袟簥之山[1]，其上多松、柏、机、桓[2]。

【注释】

[1]袟（zhì）簥（diāo）之山：袟簥山，可能在今河南方

城县。

②机：机木。桤（qī）树。桓：桓树，又叫无患子。

【译文】

再向东北五十里有座山，名叫袜箫山，山上生长着许多松树、柏树、桤树、无患子树。

【原文】

5.156 又西北一百里，曰堇理之山①，其上多松、柏，多美梓②，其阴多丹雘③，多金，其兽多豹、虎。有鸟焉，其状如鹊，青身白喙，白目白尾，名曰青耕，可以御疫，其鸣自叫。

青耕

【注释】

①菫（jǐn）理之山：菫理山。一说在今河南内乡县。

②梓：梓树。

③丹臒（huò）：红色的可做颜料的矿物。

【译文】

再向西北一百里有座山，名叫菫理山，山上有许多松、柏，还有许多美丽的梓树，山的北面有许多可做颜料的红色矿物，也有许多金，山中的兽类多是豹、虎。山中有一种鸟，形状与喜鹊相似，身子是青色的，长着白色的嘴、白色的眼睛和白色的尾巴，这种鸟名叫青耕，可以用来抵御瘟疫，它的叫声像是在喊自己的名字。

青耕　清　汪绂图本

山海经地理古今考	《山海经》中名称	今 考
	支离之山	河南省外方山山脉的杨树岭、跑马岭、龙池曼一带的高山
	袟筍之山	可能在河南省方城县
	堇理之山	可能在河南省内乡县

山海经动物古今考	《山海经》中名称	今 考
	柞牛	野牛
	羬羊	一种野生的大尾羊

【原文】

5.157　又东南三十里，曰依轱之山①，其上多枏、橿②，多苴③。有兽焉，其状如犬，虎爪有甲，其名曰獜④，善駚牟⑤，食者不风⑥。

【注释】

①依轱之山：依轱山，在今河南西南部。

②枏（niǔ）：檍树。橿（jiāng）：木名，古时用作造车的材料。

③苴（zhā）：通"柤"。

④獜（lìn）：传说中的一种兽。

⑤駚㹐（fèn）：跳跃扑击。

⑥风：指中风、痛风等。

【译文】

再向东南三十里有座山，名叫依轱山，山上有许多杻树、橿树，也有许多山楂树。山中有一种野兽，它的形状与狗相似，长着老虎一样的爪子，身上长着鳞甲，这种兽名叫獜，它擅长跳跃腾扑，吃了这种兽的肉就不会患中风、痛风之类的病。

【原文】

5.158　又东南三十五里，曰即谷之山①，多美玉，多玄豹②，多闾、麈③，多羚、臭④。其阳多珉⑤，其阴多青艧⑥。

【注释】

①即谷之山：即谷山，可能在今河南信阳。

②玄：黑色。

③闾（lú）：兽名。麈（zhǔ）：鹿一类的动物。

④臭（chuò）：兽名。一说指雪豹。

⑤珉：像玉的石头。

⑥青艧（huò）：青色的可做颜料的矿物。

【译文】

再往东南三十五里有座山，名叫即谷山，山中有许多美玉，也有许多黑豹、间、麈、羚羊、臭。山的南面有许多像玉一样的美石，北面有许多可做颜料的青色矿物。

【原文】

5.159　又东南四十里，曰鸡山①，其上多美梓②，多桑，其草多韭。

【注释】

①鸡山：今河南信阳市与湖北交界处的鸡公山。
②梓：梓树。

【译文】

再往东南四十里有座山，名叫鸡山，山上有许多美丽的梓树，也有许多桑树，山中的草类多是韭菜。

【原文】

5.160　又东南五十里，曰高前之山①。其上有水焉，甚寒而清，帝台之浆也②，饮之者不心痛。其上有金，其下有赭③。

【注释】

①高前之山：高前山。所指待考。

②帝台：传说中的神名。浆：这里指水。

③赭（zhě）：红土。

【译文】

再往东南五十里有座山，名叫高前山。山上有一处泉水，水冰凉而清澈，这是帝台神饮用的水，喝了它就不会得心痛的病。山上有许多金，山下有许多红土。

【原文】

5.161　又东南三十里，曰游戏之山①，多枏、橿、榖②，多玉，多封石。

【注释】

①游戏之山：游戏山，可能在今河南内乡县南部。

②枏（niǔ）：檍树。橿（jiāng）：木名，古时用作造车的材料。榖（gǔ）：构树。

【译文】

再向东南三十里有座山，名叫游戏山，山中长着许多枏树、橿树、构树，也有许多玉以及封石。

【原文】

5.162　又东南三十五里，曰从山[1]，其上多松、柏，其下多竹。从水出于其上，潜于其下，其中多三足鳖[2]，枝尾[3]，食之无蛊疫[4]。

三足鳖

三足鳖　清　汪绂图本

【注释】

①从山：山名。一说在河南；一说在湖北。

②三足鳖：三只脚的甲鱼。

③枝尾：动物分叉的尾巴。

④蛊：毒热恶气。

【译文】

再向东南三十五里有座山，名叫从山，山上有许多松、柏，山下有许多竹。从水发源于这座山的上面，在山下潜流，水中有许多三只脚的鳖，尾巴上有分叉，吃了它的肉就不会受毒恶热气的侵害，也不会得瘟疫。

【原文】

5.163　又东南三十里，曰婴之硬山①，其上多松、柏，其下多梓、櫄②。

【注释】

①婴硬（yīn）之山：婴硬山。一说在今河南信阳市西南；一说在今河南与湖北交界的大别山北麓。

②梓：梓树。櫄（chūn）：通"椿"，即椿树。

【译文】

再往东南三十里有座山，名叫婴硬山，山上长着许多松柏，山下有许多梓树及椿树。

【原文】

5.164　又东南三十里，曰毕山[1]。帝苑之水出焉[2]，东北流注于渑[3]，其中多水玉[4]，多蛟[5]。其上多璿珸之玉[6]。

【注释】

①毕山：山名。可能指今河南泌阳县的旱山。

②帝苑之水：帝苑水，水名。

③渑（qìn）：指今河南泌阳、遂平县境内的沙河。

④水玉：水晶。

⑤蛟：即蛟龙。

⑥璿（tū）珸（fú）：美玉名。

【译文】

再向东南三十里有座山，名叫毕山。帝苑水发源于这座山，向东北流入渑水，水中有许多水晶，也有许多蛟龙。山上还有很多璿珸玉。

【原文】

5.165　又东南二十里，曰乐马之山[1]。有兽焉，其状如汇[2]，赤如丹火，其名曰㺎[3]，见则其国大疫。

【注释】

①乐马之山：乐马山，在今河南中南部。

②汇：指刺猬。

③猨（lí）：传说中的一种兽。

猴

【译文】

再往东南二十里有座山，名叫乐马山。山中有一种兽，形状与刺猬相似，全身通红如火，这种兽名叫㺊，它出现在哪个国家，哪个国家就会发生大瘟疫。

㺊　清　《禽虫典》本

【原文】

5.166　又东南二十五里，曰葳山①，溁水出焉，东南流注于汝水②，其中多人鱼③，多蛟④，多颉⑤。

【注释】

①葳（zhēn）山：山名。一说指今河南与湖北交界处的桐柏山。

②汝水：水名，源出今河南鲁山县大盂山，注入淮河。

③人鱼：大鲵俗称娃娃鱼。

④蛟：蛟龙。

⑤颉（xié）：即"獭"，兽名。一说为獭。

【译文】

再往东南二十五里有座山，名叫葳山，溁水发源于此山，向东南流入汝水，水中有许多娃娃鱼，还有许多蛟龙和獭。

【原文】

5.167　又东四十里，曰婴山①，其下多青膿②，其上多金、玉。

【注释】

①婴山：山名。一说在湖北境内；一说在河南境内。

②青臒（huò）：青色的可做颜料的矿物。

【译文】

再向东四十里有座山，名叫婴山，山下有许多可做颜料的青色矿物，山上有许多金和玉。

【原文】

5.168　又东三十里，曰虎首之山①，多苴、椆、椐②。

【注释】

①虎首之山：可能在今河南境内。

②苴（zhā）：通"柤"，山楂。椆（chóu）：木名。椐（jū）：又叫灵寿木。

【译文】

再往东三十里有座山，名叫虎首山，山中长着许多山楂树、椆树、椐树。

【原文】

5.169　又东二十里，曰婴矦之山①，其上多封石②，其下多赤锡③。

【注释】

①婴侯（hóu）之山：婴侯山，山名。

②封石：一种可作药用的矿石，味甜，无毒。

③赤锡：一说应作"赤铜"。

【译文】

再往东二十里有座山，名叫婴侯山，山上有许多封石，山下有许多赤锡。

【原文】

5.170　又东五十里，曰大孰之山①。杀水出焉②，东北流注于视水③，其中多白垩④。

【注释】

①大孰之山：大孰山，今河南确山县驻马店的大乐山。

②杀水：水名。一说指沙河，源出今河南泌阳县；一说指泇河。

③视水：指今河南泌阳、遂平县境内的沙河。

④垩（è）：可用来涂饰的有色土。

【译文】

再往东五十里有座山，名叫大䂣山。杀水发源于这座山，向东北流入漻水，水中有许多可做涂料的白色土。

【原文】

5.171　又东四十里，曰卑山[1]，其上多桃、李、苴、梓，多累[2]。

【注释】

①卑山：山名，在今河南东南部。
②累：即紫藤。

【译文】

再向东四十里有座山，名叫卑山，山上有许多桃树、李树、山楂树、梓树，也有许多紫藤。

山海经地理古今考	《山海经》中名称	今　考
	大䂣之山	河南省确山县驻马店的大乐山
	卑　山	在河南省的东南部

【原文】

5.172　又东三十里，曰倚帝之山①，其上多玉，其下多金。有兽焉，其状如獙鼠②，白耳白喙③，名曰狙如，见则其国有大兵。

【注释】

①倚帝之山：倚帝山，在今河南镇平县。
②獙（fèi）：鼠的一种。
③喙：鸟兽的嘴。

狙如

【译文】

再向东三十里有座山，名叫倚帝山。山上有许多玉，山下有许多金。山中有一种兽，它形状与獙鼠相似，有白色的耳朵和白色的嘴，这种兽名叫狙如。它出现在哪个国家，哪个国家就会有大的战争发生。

狙如　清　《禽虫典》本

【原文】

5.173　又东三十里，曰鲵山①。鲵水出于其上②，潜于其下，其中多美垩③。其上多金，其下多青䨼④。

【注释】

①鲵山：山名，在今河南镇平县。

②鲵水：水名，在今河南镇平县。

③垩（è）：可用来涂饰的有色土。

④青䨼（huò）：青色的可做颜料的矿物。

【译文】

再往东三十里有座山，名叫鲵山。鲵水发源于此山的上面，在山下潜流，水中有许多优质的可做涂料的有色土。山上有许多金，山下有许多可做颜料的青色矿物。

【原文】

5.174　又东三十里，曰雅山①。澧水出焉②，东流注于涞水③，其中多大鱼④。其上多美桑，其下多苴，多赤金。

【注释】

①雅山：山名，今河南南阳雉衡山。

②澧（lǐ）水：水名，即澧河，发源和流经邢台市。

③溗水：指今河南泌阳、遂平县境内的沙河。

④大鱼：大鲵。

【译文】

再往东三十里有座山，名叫雅山。澧水发源于此山，向东流入溗水，水中有许多大鲵。山上有许多美丽的桑树，山下有许多山楂树，还有许多赤金。

【原文】

5.175　又东五十五里，曰宣山①。沦水出焉②，东南流注于溗水③，其中多蛟④。其上有桑焉，大五十尺，其枝四衢⑤，其叶大尺余，赤理、黄华、青柎⑥，名曰帝女之桑。

老君山

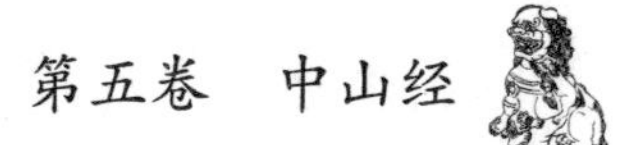

【注释】

①宣山：山名，今河南东南部的老君山。

②沦水：水名。一说指今舞钢东河。

③漭水：指今河南泌阳、遂平县境内的沙河。

④蛟：蛟龙。

⑤衢：树枝交错分岔。

⑥柎（fū）：花萼，花瓣外部的一圈叶状绿色小片。

【译文】

再往东五十五里有座山，名叫宣山。沦水发源于此山，向东南流入漭水，水中有许多蛟龙。山上有一棵桑树，树围有五丈宽，树枝向四方交错伸展，它的树叶有一尺多长，为红色的纹理、黄色的花、青色的花萼，名叫帝女桑。

舞钢东河

【原文】

5.176　又东四十五里，曰衡山^①，其上多青雘^②，多桑，其鸟多鸜鹆^③。

【注释】

①衡山：山名，一说即今安徽霍山县南的霍山。

②青雘（huò）：青色的可做颜料的矿物。

③鸜（qú）鹆（yù）：即八哥。

【译文】

再往东四十五里有座山，名叫衡山，山上有很多可做颜料的青色矿物，也有许多桑树，山中的鸟多为八哥。

【原文】

5.177　又东四十里，曰丰山^①，其上多封石^②，其木多桑，多羊桃，状如桃而方茎，可以为皮张^③。

【注释】

①丰山：山名，可能是指大别山北麓。

②封石：一种可作药用的矿物，味甜，无毒。

③皮张：皮肤肿起。张：通"胀"，浮肿。

【译文】

再向东四十里有座山，名叫丰山，山上有许多封石，山中的树木多是桑树，也有许多羊桃树，这种树形状与桃树相似，茎干是方形的，可以治愈皮肤肿起的病症。

山海经地理古今考	《山海经》中名称	今　考
	雅　山	河南省南阳市的雉衡山
	宣　山	河南省东南部的老君山
	衡　山	可能是今安徽省霍山县南部的霍山
	丰　山	可能是大别山的北麓
	人　鱼	大鲵，俗称娃娃鱼
	蛟	蛟龙

【原文】

5.178　又东七十里，曰妪山[1]，其上多美玉，其下多金，其草多鸡谷[2]。

【注释】

①妪（kōu）山：山名，在今河南南阳市。

②鸡谷：同"鸡榖"，草名。

【译文】

再往东七十里有座山，名叫妪山，山上有许多美玉，山下有许多金，山中的草类多是鸡谷。

【原文】

5.179　又东三十里，曰鲜山[①]，其木多楢、杻、苴[②]，其草多薅冬[③]，其阳多金，其阴多铁。有兽焉，其状如膜大[④]，赤喙、赤目、白尾[⑤]，见则其邑有火，名曰狋即[⑥]。

【注释】

①鲜山：山名。一说在今河南南部；一说在今安徽霍山县。

②楢（yóu）：木名。杻（niǔ）：檍树。苴：通"柤"，山楂。

③薅（mén）冬：同"虋冬"，指天门冬和麦门冬。

④膜大：兽名。一说应作"膜犬"，西膜之犬，体形高大，长着浓密的毛，性情凶悍，力量极大。

⑤喙：鸟兽的嘴。

⑥狋（yí）即：传说中的一种兽。一说指小熊猫。

狍即

【译文】

再向东三十里有座山，名叫鲜山，山中的树木多为楷树、杻树、山楂树，草类多为天门冬和麦门冬，山的南面有许多金，北面有许多铁。山中有一种野兽，它的形状与膜犬相似，长着红色的嘴、红色的眼睛、白色的尾巴，它在哪里出现，哪里就会有火灾发生，这种兽名叫狍即。

狍即　明　蒋应镐绘图本

【原文】

5.180　又东三十里，曰章山[1]，其阳多金，其阴多美石。皋水出焉[2]，东流注于澧水[3]，其中多脆石[4]。

【注释】

①章山：一说应作"皋山"。

②皋水：水名，在今河南境内。

③澧（lǐ）水：澧河，发源和流经邢台市。

④脆石：一种松软易碎的石头。

【译文】

再往东三十里有座山，名叫章山，山的南面有许多金，北面有许多美丽的石头。皋水发源于此山，向东流入澧水，水中有许多脆石。

【原文】

5.181　又东二十五里，曰大支之山，其阳多金，其木多榖、柞[1]，无草木。

【注释】

①榖（gǔ）：即构树。柞（zuò）：柞树。

【译文】

再向东二十五里有座山，名叫大支山，山的南面有很多金，山中的树多是构树和柞树，不长草木。

【原文】

5.182　又东五十里，曰区吴之山①，其木多苴②。

【注释】

①区（oū）吴之山：区吴山，山名。
②苴（zhā）：通"柤"，山楂。

【译文】

再往东五十里有座山，名叫区吴山，山中的树多是山楂树。

【原文】

5.183　又东五十里，曰声匈之山①，其木多穀，多玉，上多封石。

【注释】

①声匈之山：声匈山。一说在今河南西平县；一说在今安徽岳西县。

【译文】

再往东五十里有座山，名叫声匈山，山中的树多是构树，还有许多玉，山上有许多封石。

山海经地理古今考	《山海经》中名称	今　考
	章　山	在河南省境内，是羊头山一带的山岭
	声匈之山	一说在今河南省的西平县；一说在安徽省的岳西县

山海经动物古今考	《山海经》中名称	今　考
	犰　即	可能为小熊猫

【原文】

5.184　又东五十里，曰大之騩山[1]，其阳多赤金，其阴多砥石[2]。

【注释】

[1]大騩（guī）之山：大騩山，可能在今河南泌阳县。

[2]砥：细的磨刀石。

【译文】

再往东五十里有座山，名叫大騩山，山的南面有很多赤金，北面有很多细磨刀石。

【原文】

5.185　又东十里，曰踵臼之山①，无草木。

【注释】

①踵臼之山：踵臼山，在今河南境内。

【译文】

再往东十里有座山，名叫踵臼山，山中不长草木。

【原文】

5.186　又东北七十里，曰历石之山，其木多荆、芑①，其阳多黄金，其阴多砥石。有兽焉，其状如狸而白首虎爪②，名曰梁渠，见则其国有大兵。

【注释】

①芑：应作"杞"，枸杞。
②狸：山猫。

梁渠

梁渠　明　胡文焕图本

【译文】

　　再往东北七十里有座山，名叫历石山，山中的树多为荆和枸杞，山的南面有许多黄金，北面有许多细磨刀石。山中有一种兽，它的形状与山猫相似，脑袋是白色的，长着老虎一样的爪子，这种兽名叫梁渠，它出现在哪个国家，哪个国家就会有大的战事发生。

【原文】

5.187　又东南一百里，曰求山[1]。求水出于其上[2]，潜于其下，中有美赭[3]。其木多苴[4]，多籄[5]。其阳多金，其阴多铁。

【注释】

①求山：山名，今湖北武汉市北部的木兰山。

②求水：即木兰川。

③赭（zhě）：红土。

④苴（zhā）：这里指山楂。

⑤籄（mèi）：竹名。

【译文】

再向东南一百里有座山，名叫求山。求水发源于此山的上面，在山下潜流，水中有许多优质的红土。山中的树多是山楂树，另外还有许多籄竹。山的南面有许多金，北面有许多铁。

【原文】

5.188　又东二百里，曰丑阳之山[1]，其上多椆、椐[2]。有鸟焉，其状如乌而赤足，名曰𩿧𫛛[3]，可以御火。

駅駼

【注释】

①丑阳之山：丑阳山。可能在河南光山县。

②椆（chóu）：木名，性耐寒。椐（jū）：即灵寿木。

③駅（zhǐ）駼（tú）：传说中的一种鸟。

【译文】

再向东二百里有座山，名叫丑阳山，山上有许多椆树和椐树。山中有一种鸟，它的形状与乌鸦相似，长着红色的脚，这种鸟名叫，可以用来防御火灾。

駅鵌　明　胡文焕图本

【原文】

5. 189　又东三百里，曰奥山[1]，其上多柏、杻、橿[2]，其阳多珛珌之玉[3]。奥水出焉[4]，东流注于涞水[5]。

【注释】

[1]奥山：山名，在今河南或安徽境内。

[2]杻（niǔ）：檍树。橿（jiāng）：木名。古时用作造车的材料。

[3]珛（tū）珌（fú）：美玉名。

[4]奥水：水名，即史河，发源于安徽省金寨县南部大别山区北麓。

[5]涞水：指今河南泌阳、遂平县境内的沙河。

【译文】

再向东三百里有座山，名叫奥山，山上有许多柏树、杻树、橿树。山的南面有许多琈玡玉。奥水发源于此山，向东流入涑水。

山海经动物古今考	《山海经》中名称	今　考
	狸	山　猫

【原文】

5．190　又东三十五里，曰服山①，其木多苴②，其上多封石③，其下多赤锡④。

【注释】

①服山：山名，在今安徽西部。

②苴：这里指山楂。

③封石：一种可作药用的矿物。

④赤锡：一说应作"赤铜"。

【译文】

再向东三十五里有座山，名叫服山，山中生长的树多是山楂树，山上有许多封石，山下有许多赤锡。

【原文】

5.190　又东三十五里，曰服山[1]，其木多楂[2]，其上多封石[3]，其下多赤锡[4]。

【注释】

①服山：山名，在今安徽西部。

②楂：这里指山楂。

③封石：一种可作药用的矿物。

④赤锡：一说应作"赤铜"。

【译文】

再向东三十五里有座山，名叫服山，山中生长的树多是山楂树，山上有许多封石，山下有许多赤锡。

【原文】

5.191　又东百十里，曰杳山[1]，其上多嘉荣草，多金玉。

【注释】

①杳山：山名，今安徽霍山县的北山。

【译文】

再往东一百一十里有座山，名叫杳山，山上长着许多嘉荣

草，还有许多金和玉。

【原文】

5.192　又东三百五十里，曰凡山[1]，其木多楢、檀、杻[2]，其草多香[3]。有兽焉，其状如彘[4]，黄身、白头、白尾，名曰闻獜[5]，见则天下大风。

闻獜

闻獜　清　汪绂图本

【注释】

①凡山：一作"几山"，今安徽庐江县小关山。

②楢（yóu）：木名。檀：檀树。杻（niǔ）：檍树。

③香：指香草。

④彘（zhì）：猪。

⑤闻獜（lín）：传说中的一种兽。

【译文】

再往东三百五十里有座山，名叫凡山，山中的树多是楢树、檀树和杻树，草类多是香草。山中有一种野兽，形状与猪相似，长着黄色的身子、白色的脑袋、白色的尾巴，这种兽名叫闻獜。只要它一出现，天下就会刮起大风。

	《山海经》中名称	今　考
山海经地理古今考	服　山	安徽省西部的冤枉岭
	杳　山	安徽省霍山县的北山
	凡　山	安徽省庐江县的小关山

【原文】

5.193　凡荆山之首，自翼望之山至于凡山，凡四十八山，三千七百三十二里。其神状皆彘身人首。其祠：毛用一雄鸡祈瘗①，用一珪②，糈用五种之精③。禾山，帝也，其祠：太牢之具④，羞瘞⑤，倒毛⑥；用一璧⑦，牛无常⑧。堵山、玉山，冢也⑨，皆倒祠⑩，羞毛少牢⑪，婴毛吉玉⑫。

彘身人首神

【注释】

①毛：用于祭祀的带毛的动物。祈：向神明祈福。瘞（yì）：埋葬。

②用：前面应有"婴"字。珪：古代祭祀时用的条状玉器，上尖下方。

③糈（xǔ）：祭神用的精米。五种之精：去皮后的黍、稷、稻、粱、麦。

④太牢：古代祭祀，牛、羊、猪三牲俱备谓之太牢。

⑤羞：进献食品，这里是贡献祭品的意思。

⑥倒毛：在祭礼举行完毕后，把毛物倒转着身体埋掉。

⑦璧：平而圆、中心有孔的玉。

⑧牛无常：这里指不一定用牛作为祭品。无常：变化不定。

⑨冢：大。这里指大的山神。

⑩倒祠：倒毛的意思。

⑪毛：应作"用"，下文同。少牢：古代祭祀用羊和猪作祭品，称少牢。

⑫婴：颈上的饰物。吉玉：彩色的玉。

【译文】

总计荆山山系中的山，自第一座山翼望山起到凡山止，共有四十八座山，距离为三千七百三十二里。这些山的山神的形状皆是猪身人首。祭祀诸山神的仪式为：毛物用一只雄鸡作为毛物，将它埋入地下作为祭品，用一块珪作为悬挂在山神颈上的饰物，以去皮后的黍、稷、稻、粱、麦作为祭祀时的精米。禾山山神，乃是诸山神的首领，祭祀这位山神的仪式为：用猪、牛、羊三牲齐备的太牢之礼，敬献完毕后将太牢倒着身子埋入地下；（或是）用一块璧玉，不一定非要用牛作祭品。堵山、

玉山，乃是大山神的居住之所，祭祀完毕后都要将毛物的身子倒转过来埋入地下，用猪和羊齐备的少牢之礼，以彩色的玉作为挂在山神颈上的饰物。

彘身人首神　清　汪绂图本

十二、中次十二经

【导读】

《中次十二经》记录了篇遇山至荣余山共计十五座山的地理位置和山川风貌。它们大致分布在今湖南、湖北及江西境内。

经中记叙了于儿神的形貌及舜帝的两位妻子娥皇、女英的故事，还记载了不少动植物和矿物。本篇是五篇山经的结束篇，在篇末对天下名山作了大概的总结。

【原文】

5.194　中次十二经洞庭山之首[①]，曰篇遇之山[②]，无草木，多黄金。

【注释】

①洞庭山：山系名，在今湖南岳阳市。

②篇遇之山：篇遇山，今壶瓶山，位于湖南西北部。

【译文】

中次十二经洞庭山山系的第一座山，名叫篇遇山，山上不长草木，有许多黄金。

【原文】

5.195　又东南五十里，曰云山[①]，无草木。有桂竹[②]，甚毒，伤人必死。其上多黄金，其下多㻹琈之玉[③]。

【注释】

①云山：山名，今湖南省石门县的大同山。

②桂竹：竹名。形状像甘竹，高四五丈，叶大节长，皮是红色的。

③瑈（tū）玞（fú）：美玉名。

【译文】

再向东南五十里有座山，名叫云山，山中不长草木。山里有一种桂竹，有很强的毒性，人一旦被它弄伤，就必死无疑。山上有许多黄金，山下有许多瑈玞玉。

【原文】

5.196　又东南一百三十里，曰龟山①，其木多榖、柞、椆、椐②，其上多黄金，其下多青、雄黄③，多扶竹④。

【注释】

①龟山：山名，今湖南慈利县城东的五雷山。

②榖（gǔ）：构树。柞（zuò）：柞树。椆：木名。椐（jū）：灵寿木。

③青：石青。

④扶竹：邛（qióng）竹，又叫扶老竹。

【译文】

再往东南一百三十里有座山，名叫龟山，山中生长的树多是构树、柞树、椆树、椐树，山上有许多黄金，山下有许多石青、雄黄，还有许多扶竹。

【原文】

5. 197　又东七十里，曰丙山①，多筀竹②，多黄金、铜、铁，无木。

【注释】

①丙山：山名，今湖南澧县的大基山。
②筀（guì）竹：桂竹。

【译文】

再向东七十里有座山，名叫丙山，山中有许多桂竹，还有许多黄金、铜、铁，没有树木。

	《山海经》中名称	今　考
山海经地理古今考	洞庭山	湖南省岳阳市的君山
	云　山	湖南省石门县的大同山
	龟　山	湖南省慈利县城东部的五雷山

【原文】

5. 198　又东南五十里，曰风伯之山①，其上多金、玉，其下多痠石、文石②，多铁，其木多柳、杻、檀、楮③。其东有林焉，名曰莽浮之林，多美木鸟兽。

【注释】

①风伯之山：风伯山，今湖北石首市与湖南安乡县之间的长右岭。

②瘦（suān）石：石名。一说是砭石的一种，可以用来治病。

③杻（niǔ）：檍树。檀：檀树。楮（chǔ）：构树。

【译文】

再向东南五十里有座山，名叫风伯山，山上有许多金和玉，山下有许多瘦石和带花纹的石头，还有许多铁，山中的树木多是柳树、杻树、檀树和构树。山的东面有一片树林，叫做莽浮林，林中有许多美丽的树木以及鸟兽。

【原文】

5.199　又东一百五十里，曰夫夫之山①，其上多黄金，其下多青、雄黄②，其木多桑、楮，其草多竹、鸡鼓③。神于儿居之，其状人身而身操两蛇④，常游于江渊，出入有光。

【注释】

①夫夫之山：夫夫山，今湖南华容县的东山。

于儿神

②青：石青。

③竹：这里指篇竹。鸡鼓：同"鸡榖"，草名。

④身：应作"手"。

【译文】

再向东一百五十里有座山，名叫夫夫山，山上有许多黄金，山下有许多石青、雄黄，山中生长的树木多是桑树、构树，草类多是篇竹、鸡鼓。名叫于儿的神就居住在这里，这位神长着人一样的身子，手里握着两条蛇，常常在长江的深潭里巡游，出入时身上发出闪闪的光亮。

【于儿神】

夫夫山的山神。传说愚公带领子孙搬运太行、王屋两山，于儿神看到愚公一家的辛苦和决心，心生不忍，就将这件事禀告了天帝。天帝也被愚公矢志不移的精神所感动，派夸娥氏的两个儿子背走了那两座大山。

于儿神又是操蛇之神，手中握着两条蛇，能稳稳地立于江水之上，可知他既是山神，同时也主宰着江河。这类山神最大的特点是与蛇相伴，或手中握蛇，或足底踏蛇，或在耳朵上挂着蛇。在古代神话中，蛇是神的助手，是沟通天、地两个世界的工具。人蛇关系是古代文化中一个常见的主题，比如造人的女娲就是一位人首蛇身的神。在古代的器物上，也有许多蛇缠人身的形象，以及大量的蛇纹图案。

于儿神　清　汪绂图本

【原文】

5. 200　又东南一百二十里，曰洞庭之山^①，其上多黄金，其下多银、铁，其木多柤、梨、橘、櫾^②，其草多葌、蘪芜、芍药、芎藭^③。帝之二女居之^④，是常游于江渊。澧、沅之风^⑤，交潇湘之渊^⑥，是在九江之间^⑦，出入必以飘风暴雨^⑧。是多怪神，状如人而载蛇，左右手操蛇。多怪鸟。

帝之二女

【注释】

①洞庭之山：今湖南岳阳市的君山。

②柤：同"楂"，指山楂。櫾（yòu）：同"柚"。

③菅：同"菅"，菅茅。蘪芜：蘼芜，一种香草，可以入药。芎（xiōng）䓖（qióng）：川芎。

④帝之二女：指尧帝的两个女儿娥皇和女英。

⑤澧：今澧水。沅：今沅江。

⑥潇湘：指今湘江。

⑦九江：九条江河。

⑧飘风：暴风；旋风。

帝之二女　明　蒋应镐绘图本

【译文】

再往东南一百二十里有座山，名叫洞庭山。山上有许多黄金，山下有许多银和铁，山中的树木多是山楂树、梨树、橘树、柚树，草类多是菅草、蘼芜、芍药、川芎。尧帝的两个女儿就住在洞庭山中，她们常常在长江的深潭中游玩。由澧水和沅江吹来的风，交汇于湘江的深潭处，这里位于九条江河之间，她们出入时一定会伴有狂风暴雨。这一带有许多怪神，他们的形状与人相似，身上盘着蛇，左右两只手也握着蛇。这里还有许多怪鸟。

【帝二女】

尧帝的两个女儿一个名娥皇，一个名女英，两人同时嫁给了舜帝。她们曾帮助舜帝躲过弟弟的百般迫害，成功登上王位。舜帝登基后，娥皇被封为后，女英被封为妃。两姐妹相亲相爱，走到哪里都不分离，共同辅佐舜帝治理天下。舜帝在位三十九年，政治清明，天下太平，人民安居乐业。她们的贤德也因此被广泛传颂，受到民众的称赞。

舜帝晚年时巡察南方，不料在苍梧山突然病故，埋在了九嶷山。与他共患难的妻子娥皇女英得知后，悲痛断肠，在前去南方奔丧的路上一路痛哭。她们不断地向九嶷山的方向张望，但什么也看不见。最后，悲痛过度的二人，双双投入湘水，为舜帝殉葬。鹅黄、女英死后变为了湘水中的女神，常常在波光粼粼的水面上漫步闲聊。

山海经地理古今考	《山海经》中名称	今　考
	风伯之山	湖北省石首市与湖南省安乡县之间的长右岭
	夫夫之山	湖南省华容县的东山

【原文】

5.201 又东南一百八十里，曰暴山^①，其木多棕、枏、荆、芑、竹箭、䉋、箘^②，其上多黄金、玉，其下多文石、铁，其兽多麋鹿、麘^③，其鸟多就^④。

【注释】

①暴山：山名，今湖南平江县东北的幕阜山。

②棕：棕榈。枏：通"楠"，楠木。芑：同"杞"，枸杞。竹箭：小竹。䉋（mèi）：竹名。箘（jùn）：竹名，可以用来制作箭杆。

③麘（jǐ）：即"麂"，一种小型鹿，善跳跃。

④就：通"鹫"，雕。

【译文】

再往东南一百八十里有座山，名叫暴山，山中的树木多是棕树、楠木、荆、枸杞、小竹、䉋竹、箘竹，山上有许多黄金和玉，山下有许多带花纹的石头和铁，山中的野兽多为麋鹿和麂，鸟类多是鹫。

【原文】

5.202　又东南二百里，曰即公之山^①，其上多黄金，其下多㻬琈之玉^②，其木多柳、杻、檀、桑^③。有

兽焉，其状如龟而白身赤首，名曰蛫④，是可以御火。

【注释】

①即公之山：即公山，今湖北通城县梧桐山。

②璯（tū）琈（fú）：美玉名。

③杻（niǔ）：檍树。檀：檀树。

④蛫（guǐ）：兽名。

蛫

蛫　明　蒋应镐绘图本

【译文】

再往东南二百里有座山，名叫即公山，山上有许多黄金，山下有许多㻬玉，山中的树木多是柳树、杻树、檀树、桑树。山里有一种野兽，它的形状与龟相似，长着白色的身子、红色的脑袋，这种兽名叫蛫，可以用来防火。

【原文】

5.203　又东南一百五十九里，曰尧山①，其阴多黄垩②，其阳多黄金，其木多荆、芑、柳、檀③，其草多薯藇、茶④。

【注释】

①尧山：山名，今湖北崇阳县白严山。

②垩（è）：可用来涂饰的有色土。

③芑：同"杞"，枸杞。

④薯蓣（yù）：即"薯蓣"，山药。茉：术属植物苍术、白术等的泛称。

【译文】

再往东南一百五十九里有座山，名叫尧山，山的北面有许多黄垩，山的南面有许多黄金，山中的树木多是荆、枸杞、柳树、檀树，草类多是山药、茉。

【原文】

5.204　又东南一百里，曰江浮之山①，其上多银、砥砺②，无草木，其兽多豕、鹿③。

【注释】

①江浮之山：江浮山，今湖北通山县九宫山。

②砥砺：磨刀石。

③豕（shǐ）：猪。

【译文】

再往东南一百里有座山，名叫江浮山，山上有许多银和磨刀石，没有草木，山中的野兽多是猪和鹿。

【原文】

5.205　又东二百里，曰真陵之山①，其上多黄金，其下多玉，其木多穀、柞、柳、杻②，其草多荣草③。

【注释】

①真陵之山：真陵山，在今湖北阳新县境内。

②穀：应作"榖"，构树。柞（zuò）：柞树。杻（niǔ）：檍树。

③荣草：草名。一说即嘉荣。

【译文】

再向东二百里有座山，名叫真陵山，山上有许多黄金，山下有许多玉，山中的树木多是构树、柞树、柳树、杻树，草类多是荣草。

	《山海经》中名称	今 考
山海经地理古今考	暴　山	湖南省平江县的幕阜山
	即公之山	湖北省通城县的梧桐山
	尧　山	湖北省崇阳县的白严山
	江浮之山	湖北省通山县的九宫山
	真陵之山	在湖北省阳新县境内
	麢	麂，一种小型鹿，善跳跃
	就	通"鹫"，雕
	豕	猪

【原文】

5.206　又东南一百二十里，曰阳帝之山[1]，多美铜，其木多櫤、杻、㮗、楮[2]，其兽多羚、麢[3]。

【注释】

①阳帝之山：阳帝山。可能在今湖北阳新县境内。

②櫤（jiāng）：木名，古时用作造车的材料。㮗（yǎn）：山桑。楮（chǔ）：构树。

③麢：也叫香獐子，哺乳动物，外形像鹿而小，善于跳跃。

【译文】

再往东南一百二十里有座山，名叫阳帝山，山中有许多优质的铜，山中的树木多是櫤树、杻树、山桑树和构树，兽类多是羚羊和香獐子。

【原文】

5.207　又南九十里，曰柴桑之山[1]，其上多银，其下多碧[2]，多泠石、赭[3]，其木多柳、芑、楮、桑[4]，其兽多麋鹿，多白蛇、飞蛇[5]。

【注释】

①柴桑之山：柴桑山，在今江西九江市境内。

②碧：青绿色的玉石。

③泠（líng）石：石名。一说为"冷石"，即滑石。赭（zhě）：红土。

④芑：同"杞"，枸杞。

⑤飞蛇：螣（téng）蛇，古书上说的一种能驾雾而飞的蛇。

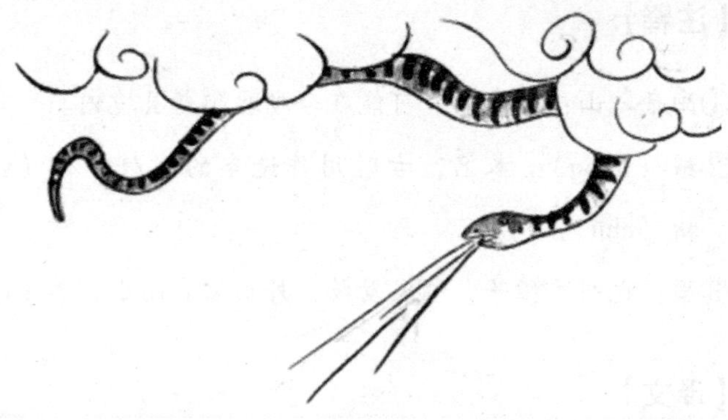

飞蛇

【译文】

再往南九十里有座山，名叫柴桑山，山上有许多银，山下有许多青绿色的玉石，还有许多泠石和红土，山中的树木多是柳树、枸杞树、构树和桑树，兽类多是麋鹿，还有许多白蛇和飞蛇。

【原文】

5.208　又东二百三十里，曰荣余之山①，其上多铜，其下多银，其木多柳、芑，其虫多怪蛇、怪虫。

枸杞

【注释】

①荣余之山：荣余山，今江西彭、泽二县之间的石门山。

【译文】

再往东二百三十里有座山，名叫荣余山，山上有许多铜，山下有许多银，山中的树木多是柳树和枸杞，动物多是怪蛇、怪虫。

荣余山

【原文】

5.209　凡洞庭山之首，自篇遇之山至于荣余之山，凡十五山，二千八百里。其神状皆鸟身而龙首。其祠：毛用一雄鸡、一牝豚刉[1]，糈用稌[2]。凡夫夫之山、即公之山、尧山、阳帝之山，皆冢也[3]，其祠：皆肆瘗[4]，祈用酒[5]，毛用少牢[6]，婴用一吉玉[7]。洞庭、荣余山，神也，其祠：皆肆瘗，祈酒，太牢祠[8]，婴用圭璧十五[9]，五采惠之[10]。

洞庭山

【注释】

①毛：祭祀用的带毛的动物。牝豚：母猪。刉（jī）：同

"刉"，划破。

②糈（xǔ）：祭神用的精米。稌（tú）：稻子，特指糯稻。

③冢：大。这里指大的山神。

④肆：陈列。瘗（yì）：埋葬。

⑤祈：向神祈福。

⑥少牢：古代祭祀用羊和猪做祭品称少牢。

⑦婴：颈上的饰物。吉玉：彩色的玉。

⑧太牢：古代祭祀，牛、羊、猪三牲具备谓之太牢。

⑨圭：古代祭祀时用的条状玉器，上尖下方。璧：平圆形、中间有孔的玉。

⑩五采：青、赤、白、黑、黄五种颜色。惠：通"绘"，描绘。

【译文】

总计洞庭山山系中的山，自第一座山篇遇山起到荣余山止，共有十五座山，距离为二千八百里。这些山的山神的形状皆是鸟身龙首。祭祀这些山神的仪式为：毛物用一只雄鸡、一头母猪，取它们的血来祭祀，祭祀用的精米为糯米。夫夫山、即公山、尧山、阳帝山，都是大的山神的居住之所，祭祀这几个山神的仪式为：先陈列祭品，而后埋入地下，祈祷时向山神敬酒，用猪、羊二牲齐备的少牢之礼，以一块彩色的玉作为悬挂在山神颈部的饰物。洞庭山、荣余山的山神很灵验，祭祀这二位山神的仪式为：先陈列祭品，而后把祭品埋入地下，祈祷时向山神敬酒，用猪、羊、牛三牲齐备的太牢之礼祭祀，献上十五块

圭和璧作为悬挂在山神颈部的饰物，并在圭和璧上绘出青、黄、赤、白、黑五种颜色。

鸟身龙首神

鸟身龙首神　明　胡文焕图本

山海经 地理 古今考	《山海经》中名称	今　考
	阳帝之山	可能在湖北省阳新县境内
	柴桑之山	江西省九江市境内的庐山

【原文】

5.210　右中经之山志[1]，大凡百九十七山，二万一千三百七十一里。

【注释】

①右：古籍通常采用竖排格式，并且是从右至左排列，所以这里的"右"相当于现在常说的"以上"、"上述"等。志：记载的文字。

【译文】

以上是中山经中记载的所有的山，总共有一百九十七座山，（从第一座山到最后一座山）距离为二万一千三百七十一里。

【原文】

5.211　大凡天下名山五千三百七十，居地大凡六万四千五十六里[1]。

【注释】

①居地：经过的地方或分布的地方。居：经过。

【译文】

总计天下的名山，共有五千三百七十座，分布的地域跨越六万四千零五十六里。

【原文】

5.212　禹曰：天下名山，经五千三百七十山[1]，六万四千五十六里，居地也。言其五臧[2]，盖其余小山甚众，不足记云。天地之东西二万八千里，南北二万六千里，出水之山者八千里，受水者八千里，出铜之山四百六十七，出铁之山三千六百九十。此天地之所分壤树谷也[3]，戈、矛之所发也，刀、铩之所起也[4]，能者有余，拙者不足。封于太山[5]，禅于梁父[6]，七十二家，得失之数[7]，皆在此内，是谓国用[8]。

【注释】

①经：经过。

②五臧：即"五藏"，指南山经、西山经、北山经、东山经、中山经。

③分壤：划分疆土。树谷：种植五谷。树：种植、栽培。

④铩（shā）：古代的一种长矛。

⑤封：帝王筑坛祭天。太山：即泰山。

⑥禅：帝王辟场祭地。梁父：梁父山。

⑦数：规律、道理。

⑧国用：指为国所用。

【译文】

大禹说：天下名山，我走过的有五千三百七十座，共有六万四千零五十六里，这些山分布在各个地方。上面五种山经中记录了一些具有代表性的山，因为除此以外的小山实在太多，不值得一一记述。天地间从东到西距离为二万八千里，从南到北距离为二万六千里，河流发源之山有八千里，河流流经之地也有八千里，出产铜的山共有四百六十七座，出产铁的山共计三千六百九十座。这是天地用来划分疆土、种植庄稼的地方，戈和矛因此而出现，刀和铩也因此而兴起，它使有能力之人富足有余，使笨拙之人匮乏不足。国君在泰山上筑坛祭天，在梁父山上辟场祭地的，一共有七十二家，有关成败得失的规律都在里面，这些内容可为治理国家所用。

梁父山

【原文】

5.213　右五臧山经五篇①，大凡一万五千五百三字。

【注释】

①五臧：即“五藏”，指南山经、西山经、北山经、东山经、中山经。

【译文】

以上是五篇山经，共计一万五千五百零三个字。

麒麟，亦作"骐麟"，简称"麟"，是中国古籍中记载的一种动物，与凤、龟、龙共称为"四灵"，是神的坐骑，古人把麒麟当作仁兽、瑞兽。雄性称麒，雌性称麟，明代郑和下西洋带来了长颈鹿后，又用来代指长颈鹿（在日本依然如此）。常用来比喻杰出的人。

上古异兽之四大凶兽:《穷奇》

中国传说中抑善扬恶的恶神,它的大小如牛、外形象虎、披有刺猬的毛皮、长有翅膀,穷奇的叫声象狗,靠吃人为生。据说穷奇经常飞到打架的现场,将有理的一方鼻子咬掉;如果有人犯下恶行,穷奇会捕捉野兽送给他,并且鼓励他多做坏事。

第六卷 海外南经

　　《山海经》中以"海外"冠名的有四篇：《海外南经》、《海外西经》、《海外北经》、《海外东经》，可以统称为"海外经"。需要指出的是，"海外"中的"海"不能简单地理解为海洋或大海，而是指国土，"海外"就是指古代中国中心区域之外未开化或尚未被人充分了解的极远之地。

　　《海外南经》以结匈国为起点，从西南向东南对所经过的地域逐次展开叙述，它位于南山经所述地域的南面，大致在今中国的南部，但是具体位置难以确定。

海外南经

【导读】

　　《海外南经》中共记载了十二个国家，包括胸部骨肉向外凸出的结匈国、浑身长满羽毛的羽民国、口中能喷火的厌火国等；介绍了一些神奇的动植物，如翅膀并在一起的比翼鸟、人面独脚的毕方鸟、树叶皆为珍珠的三株树等。另外，书中还涉

及了一些历史和神话传说，如帝尧、帝喾、周文王、火神祝融、羿与凿齿大战于寿华之野等。

【原文】

6.1　地之所载，六合之间①，四海之内②，照之以日月，经之以星辰③，纪之以四时④，要之以太岁⑤。神灵所生，其物异形，或夭或寿，唯圣人能通其道。

【注释】

①六合：指上、下和东、南、西、北四方，泛指天地或宇宙。

②四海：古人认为中国四境有海环绕，各按方位为"东海"、"南海"、"西海"和"北海"，但亦因时而异，说法不一。

③经：经过、经历、循行。

④纪：记录年代的方式。四时：指四季。

⑤要：矫正。太岁：也叫岁星（即木星），它围绕太阳公转一周大约为十二年，所以古人用以纪年。

【译文】

大地所承载的，在天地四方之间，四海之内，以太阳和月亮来照耀，让星辰在天空中循行，以春夏秋冬来记录四时的更替，以太岁星来矫正年度的变化。一切都是由神灵所产生的，所以万物的外形各不相同，寿命有长有短，这其中的道理，只有圣贤才能理解掌握。

【原文】

6.2　海外自西南陬至东南陬者[1]。

【注释】

①海外：指海外南经记载的地方。陬（zōu）：隅，角落。

【译文】

海外南经所记载的地方是从西南角到东南角。

【原文】

6.3　结匈国在其西南[1]，其为人结匈。

结胸国

结匈国　明　蒋应镐绘图本

【注释】

①结匈国：既结胸国，因其国中人胸部骨头向外凸出而得名。大致在今云南或云南以南地区。匈：同"胸"。其：指《海外南经》中所记载的地区。

【译文】

结匈国在它（《海外南经》所记载地区）的西南部，其国人胸部的骨肉均向前凸出。

【原文】

6.4　南山在其东南[1]。自此山来，虫为蛇[2]，蛇号为鱼。一曰南山在结匈东南[3]。

【注释】

①南山：山名。可能在中国西南部的横断山脉南端。其：指结匈国。

②为：称为。

③一曰南山在结匈东南：此句当是后人注解，不是经文。

【译文】

南山位于结匈国的东南面。来自这座山的人，把虫叫做蛇，把蛇叫做鱼。一说南山在结匈国的东南面。

【原文】

6.5　比翼鸟在其东[1]，其为鸟青、赤，两鸟比翼[2]。一曰在南山东[3]。

【注释】

①比翼鸟：这里指比翼鸟栖息的地方。其：指南山。

②比翼：翅膀并在一起。

③一曰在南山东：此句当是后人注解，不是经文。

比翼鸟

比翼鸟　明　蒋应镐绘图本

【译文】

比翼鸟的栖息之地在南山的东面，这种鸟为一青一红，两只鸟的翅膀并在一起（飞翔）。一说比翼鸟的栖息之所在南山的东面。

【原文】

6.6　羽民国在其东南[1]，其为人长头，身生羽。一曰在比翼鸟东南，其为人长颊[2]。

【注释】

①羽民国：传说中的国名，其国中之人身上长着羽毛而得名。其：指比翼鸟。

②一曰在比翼鸟东南，其为人长颊：此句当是后人注解，不是经文。颊：脸颊。

羽民国

【译文】

羽民国位于比翼鸟栖息之地的东南面，这个国家的人都长着长长的脑袋，全身长满羽毛。一说此国在比翼鸟栖息地的东南面，国中之人都长着长长的脸颊。

羽民国　清　吴任臣康熙图本

山海经地理古今考	《山海经》中名称	今　考
	结匈国	大致方位在今云南省或云南省以南的地区
	南　山	可能在中国西南部的横断山脉南端
	羽民国	商末的戴国

【原文】

6.7　有神人二八①，连臂，为帝司夜于此野②。在羽民东，其为人小颊赤肩，尽十六人③。

【注释】

①二八：指十六。

②帝：指黄帝。司夜：守夜。司：视察，这里是守候的意思。

③尽：所有的。

【译文】

有十六位神人，他们手臂相连，在这野外为黄帝守夜。这些神人居住在羽民国的东边，他们长着小小的脸颊和红色的肩膀，共有十六个人。

【原文】

6.8　毕方鸟在其东[1]，青水西[2]，其为鸟人面一脚。一曰在二八神东[3]。

毕方

【注释】

①毕方鸟：这里指毕方鸟栖息的地方。其：指十六位神人居住的地方。

②青水：水名。一说指今云南怒江；一说指红河支流的青水河。

③一曰在二八神东：此句当是后人注解，不是经文。

【译文】

毕方鸟的栖息之地在十六位神人居住之地的东面，在青水的西面，此种鸟长着人一样的脸，只有一只脚。一说毕方鸟的栖息之地在十六位神人居住之地的东面。

毕方　明　蒋应镐绘图本

【原文】

6.9　灌头国在其南[1]，其为人人面有翼，鸟喙，方捕鱼。一曰在毕方东[2]。或曰讙朱国[3]。

讙头国

【注释】

①讙（huān）头国：传说中的国名，因其国中之人长着鹳一样的头而得名。讙：即"鹳（guàn）"，一种形状像鹤的鸟。

②一曰在毕方东：此句当是后人注解，不是经文。

③谨朱国：此句当是后人注解，不是经文。

谨头国　明　蒋应镐绘图本

【译文】

谨头国在毕方鸟栖息之地的南面，国中之人长着人一样的脸，身上长有翅膀，长着鸟一样的嘴，正在捕鱼。一说头国在毕方鸟栖息之地的东面。有人说头国就是朱国。

【原文】

6.10　厌火国在其国南①，兽身黑色②，生火出其口中。一曰在谨朱东③。

厌火国

【注释】

①其国：指谨头国。

②兽：该字前当有"其为人"三字。

③一曰在谨朱东：此句当是后人注解，不是经文。

厌火国　明　蒋应镐绘图本

【译文】

厌火国在谨头国的南面，该国之人长着兽一样的身子，全身黑色，能从口中吐出火来。一说厌火国在谨朱国的东面。

【原文】

6.11　三株树在厌火北①，生赤水上，其为树如柏，叶皆为珠。一曰其为树若彗②。

【注释】

①三株书：即"三珠"树。这里指长着三株树的地方。厌火：指厌火国。

②一曰其为树若彗：此句当是后人注解，不是经文。彗：彗星。

【译文】

三株树在厌火国的北边，生长在赤水岸边，这种树形状与柏树相似，叶子都是珍珠。一说三株树的形状与彗星相似。

【原文】

6.12　三苗国在赤水东①，其为人相随②。一曰三毛国③。

【注释】

①三苗国：三苗是古族名，也称有苗或苗民。

②相随：相互跟随。

③一曰三毛国：此句当是后人注解，不是经文。

【译文】

三苗国位于赤水的东面，此国的人相互跟随而行。一说是三毛国。

【原文】

6.13　贯国在其东^①，其为人黄，能操弓射蛇。一曰贯国在三毛东^②。

贯国

【注释】

①载（zhí）国：传说中的国名。一说在今广西境内；一说在今老挝北。其：指三苗国。

②一曰载国在三毛东：此句当是后人注解，不是经文。

【译文】

载国在三苗国的东面，这个国家的人都是黄色皮肤，能用弓箭射蛇。一说载国在三毛国的东面。

载国　明　蒋应镐绘图本

山海经地理古今考	《山海经》中名称	今　考
	三苗国	古族名，原住长江中游一带
	载　国	一说在广西省境内；一说在老挝北部

746

【原文】

6.14　贯匈国在其东①，其为人匈有窍②。一曰在
载国东③。

贯匈国

【注释】

①贯匈国：即贯胸国，因其国中之人胸部有洞而得名。匈：
同"胸"。其：指载国。

②窍：空洞。

③一曰在载国东：此句当是后人注解，不是经文。

【译文】

贯匈国在载国的东边，国中之人胸部都有一个洞。一说贯匈国在载国的东面。

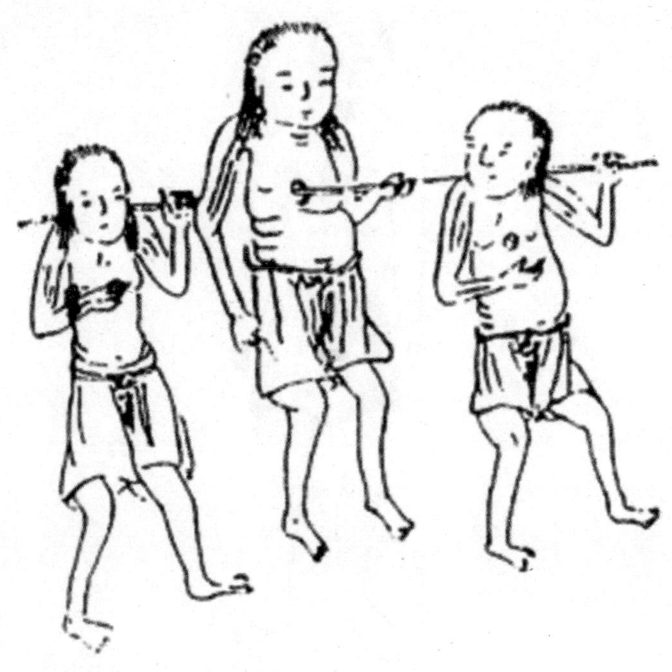

贯匈国　清　汪绂图本

【贯匈国】

贯匈国即贯胸国，国民原是山神防风氏的后裔。这个国家的人从胸前到后背有一个贯穿的洞，样子十分奇特。关于这个洞的来历，有一个传说。

大禹治水时，曾召集诸神在会稽山开会，商议治水良策。

诸山神都按时到达，只有防风氏不知为何到会议结束时才姗姗来迟。大禹非常愤怒，为了整肃纪律、惩戒众人、树立自己的威信，他下令杀了防风氏，将尸体陈列示众。

洪水平息之后，大禹成了国家的首领。一天，他想要出巡四方，视察自己的政绩。天帝就派了两条龙为他驾车。大禹坐上龙辇，带着一队人浩浩荡荡地出发了。

话说防风氏有两个后裔，他们恨大禹杀死了自己的祖先，想要为他报仇。听说大禹要出行，就在半路上设下埋伏。眼看大禹的车辇就要到眼前了，这两个壮士拉开弓准备射死他。就在此时，天空风云突变，雷声大作，大雨瓢泼。两条神龙驾着车飞上九霄。二人知道自己的行动失败了，便各自拿出尖刀刺向心脏而亡。大禹感念他们的忠诚，派人采来不死草塞进他们胸前的洞中，两人果然死而复生，但胸前的洞却没能愈合，他们的子孙后代就是贯匈国的国民，胸口也都有这样一个洞。

有意思的是，贯匈国的人出门不用坐轿，如果懒得走路，可以在胸前的洞里穿一根棍子，雇两个人抬着他走路。

【原文】

6.15　交胫国在其东①，其为人交胫②。一曰在穿匈东③。

【注释】

①其：指贯匈国。

②交胫：小腿交叉。胫：小腿。

③一曰在穿匈东：此句当是后人注解，不是经文。穿匈：贯匈国。

交胫国

【译文】

交胫国在贯匈国的东面，国人的两条小腿相互交叉。一说交胫国在贯匈国的东面。

交胫国　清　郝懿行图本

【原文】

6.16　不死民在其东[1]，其为人黑色，寿，不死。一曰在穿匈国东[2]。

【注释】

①其：指交胫国。

②一曰在穿匈国东：此句当是后人注解，不是经文。穿匈：贯匈国。

【译文】

不死民位于交胫国的东面，该国的人全身是黑色的，长生不死。一说不死民在贯匈国的东面。

【原文】

6.17　岐舌国在其东①。一曰在不死民东②。

岐舌国　明　蒋应镐绘图本

【注释】

①岐舌国：传说中的国名。岐舌：舌头有分叉。其：指不死民。

②一曰在不死民东：此句当是后人注解，不是经文。

【译文】

岐舌国在不死民的东边。一说岐舌国在不死民的东边。

岐舌国　　选自《中国清代宫廷版画》

【原文】

6.18　昆仑虚在其东①，虚四方②。一曰在岐舌东，为虚四方③。

【注释】

①昆仑虚：山名。一说指东海中的方丈山；一说指马来半岛东的昆仑山诸岛。其：指岐舌国。

②虚：即"墟"，指山丘。

③一曰在岐舌东，为虚四方：此句当是后人注解，不是经文。虚：这里指山底部的地基。

【译文】

昆仑虚在岐舌国的东边，山呈四方形。一说昆仑虚在岐舌国的东面，山基向四方延伸。

【原文】

6.19　羿与凿齿战于寿华之野①，羿射杀之。在昆仑虚东。羿持弓矢，凿齿持盾，一曰戈②。

【注释】

①羿：后羿，夏朝有穷氏首领，善于射箭。凿齿：古代传说中的野人，因牙齿像凿子而得名。寿华：一作"畴华"，

泽名。

②一曰戈：此句当是后人注解，不是经文。

【译文】

羿曾与凿齿交战于寿华的原野之上，羿用箭射死了凿齿。交战之地位于昆仑虚的东面。当时羿手拿弓箭，凿齿手拿盾牌，一说凿齿当时拿着戈。

【羿与凿齿之战】

传说尧帝时，天空中同时出现了十个太阳，巨大的热量烤干了水泽，烤焦了禾苗，人们苦不堪言。偏偏地上又出了几个怪兽祸害人类，其中一个就是凿齿。它居住在南方沼泽地带，长着像凿子一样锋利的长牙，常常掠食人类。帝尧看在眼里，便派手下武艺高强、射技精湛的后羿去射杀这些怪兽，为民除害。后羿与凿齿在寿华的郊外相遇，经过激烈的搏斗，后羿终于杀死了危害人类的凿齿。

【后羿射日】

传说在远古时代，天空中本来有十个太阳，他们是十兄弟，而且是天帝的儿子。十个太阳跟他们的母亲羲和一起生活在东海边上，她经常将这十兄弟放在东海里洗澡。洗完澡后就让他们栖息在海边的一棵大树上，一个太阳栖息在树梢上，其余九个太阳则栖息在较矮的树枝上。

当黎明来临时，栖息在树梢上的那个太阳便乘坐两轮车穿

后羿射日

越天空，把光和热洒遍人间。十个太阳轮流当值，秩序井然，天地间一片和谐。人们日出而作，日落而息，生活美满而幸福。

可是，时间一长，十个太阳就觉得无聊起来，他们顽皮地一起出现在天空中。这一下，人类和其它生灵就遭了殃：大地被烤焦，河流全部枯竭，很多动物和人类要么被烤死，要么活活渴死。鱼类灭绝之后，潜藏在水中的怪兽便爬上岸，和陆地上的各种猛兽一起袭击人类。人类力量弱小，无法反抗，只能东躲西藏。世界陷入了危机之中，人们苦苦挣扎，希望上天能降下奇迹。

当时有个年轻英俊的神射手叫后羿，他箭法超群，百发百中，于是天帝派他来到凡间帮助人类。

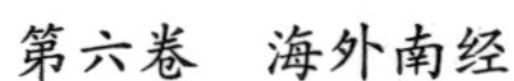

后羿翻过了九十九座高山，蹚过了九十九条大河，穿过了九十九个峡谷，历尽千辛万苦，终于来到了东海边。

后羿登上海边的一座大山，拉开万斤力的弓弩，搭上千斤重的利箭，瞄准太阳，嗖地一箭射去，一口气射落了九个太阳。

本来后羿最初是打算一口气将十个太阳都射下来的，只是最后发现箭已经射完了，这才留下了一个太阳，也幸亏如此，不然的话，世界又要陷入黑暗之中了。

不过，最后剩下的那个太阳已经吓坏了，从此，它按照后羿的吩咐，每天老老实实地从东方的海边升起，傍晚从西边的山上落下，将温暖带给人间，维系着万物的生存，人们又重新过上了安居乐业的生活。

【原文】

6.20　三首国在其东①，其为人一身三首。一曰在凿齿东②。

【注释】

①其：指寿华泽。

②一曰在凿齿东：此句当是后人注解，不是经文。凿齿：这里指凿齿所在之地。

【译文】

三首国在寿华泽的东面，该国的人长着一个身子、三个脑袋。一说三首国在凿齿所在之地的东边。

三首国

《山海经》中名称	今　考
交胫国	在山东省定陶县的西南部
岐舌国	位于山东省宁阳县的东北部
昆仑虚	一说指马来半岛东部的昆仑山诸岛；一说指东海中的方丈山
寿华之野	在山东省泰安市一带
三首国	在山东省临朐县附近

山海经
地　理
古今考

【原文】

6.21　周饶国在其东①，其为人短小，冠带②。一曰焦侥国在三首东③。

【注释】

①其：指三首国。

②冠带：这里都用作动词，意思是戴上帽子、系上衣带。

③一曰焦侥国在三首东：此句当是后人注解，不是经文。

【译文】

周饶国位于三首国的东面，国中之人身材矮小，每个人都戴帽束带。一说焦侥国在三首国的东面。

【原文】

6.22　长臂国在其东①，捕鱼水中，两手各操一鱼。一曰在焦侥东，捕鱼海中②。

【注释】

①其：指周饶国。

②一曰在焦侥东，捕鱼海中：此句当是后人注解，不是经文。

长臂国

【译文】

长臂国在周饶国的东边，国中之人在水中捕鱼，左右两手各抓着一条鱼。一说长臂国在焦侥国的东面，国中之民在海中捕鱼。

【原文】

6.23　狄山[1]，帝尧葬于阳[2]，帝喾葬于阴[3]。爰有熊、罴、文虎、蜼、豹、离朱、视肉[4]。吁咽、文王皆葬其所[5]。一曰汤山[6]。一曰爰有熊、罴、文虎、蜼、

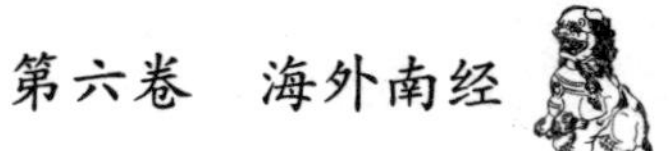

豹、离朱、鸱久、视肉、虖交。其范林方三百里⑦。

【注释】

①狄山：山名。可能为湖南宁远的九嶷山。

②尧：传说中远古部落联盟首领，号陶唐氏，史称唐尧。

③喾（kù）：黄帝之子玄嚣的后裔，号高辛氏。

④罴：棕熊。蜼（wèi）：一种长尾猿。离朱：传说中的一种神禽。视肉：传说中的一种怪兽。

⑤吁咽：可能指舜。

⑥一曰汤山：此句当是后人注解，不是经文。

⑦一曰："一曰"及后面的文字，当是后人注解，不是经文。鸱（hī）久：鸲（qú）鹠（líu），猫头鹰的一种。虖（hū）交：动物名。

【译文】

狄山，帝尧死后埋葬在这座山的南面，帝喾死后埋葬在山的北面。山中有熊、罴、带斑纹的虎、长尾猿、豹子、离朱、视肉。吁咽和文王也都埋葬在这座山上。一说狄山也叫汤山。一说此山中有熊、罴、带斑纹的虎、长尾猿、豹子、离朱、鸱久、视肉、虖交。这一带的范林方圆达三百里。

【原文】

6.24　南方祝融①，兽身人面，乘两龙。

祝融　明　蒋应镐绘图本

【注释】

①祝融：传说中楚国君主的祖先，名重黎，是颛顼的后代。祝融是掌火之官，被后人尊为火神。

【译文】

南方的火神祝融，长着兽身人面，架乘着两条龙。

	《山海经》中名称	今　考
山海经 地　理 古今考	周饶国	在山东省诸城县附近
	长臂国	在山东省诸城县的西南部
	狄　山	可能为湖南省宁远县的九嶷山

第七卷 海外西经

　　《海外西经》中记载了海外西南角到西北角的国家及地区，以结匈国为起点，向北逐次展开描述。

海外西经

【导读】

　　《海外西经》中记叙了西部许多国家的地理位置及人物风貌。如三身国中的人一颗脑袋下有三个身子；一臂国中的人只长着一只眼睛、一个鼻孔和一只胳膊；奇肱国中的人长着一只胳膊、三只眼睛；女子国中的人都是女子；丈夫国中只有男子，

等等。此外，经中还记录了许多的神话故事，包括夏启在大乐之野举行歌舞；刑天被天帝砍掉脑袋后以乳为目、以脐为口，操干戚而舞的故事；大禹将王位传给儿子，中国从此进入了"家天下"的时代。这些故事除去夸张的神话色彩，就是一部可考据的历史。

【原文】

7.1　海外自西南陬至西北陬者[1]。

【注释】

[1]海外：指海外西经所记载的地方。陬（zōu）：隅，角落。

【译文】

海外西经所记载的地方是自西南角到西北角。

【原文】

7.2　灭蒙鸟在结匈国北[1]，为鸟青，赤尾。

【注释】

[1]灭蒙鸟：鸟名，一说又叫孟鸟、狂鸟、蒙鸟；一说属于凤凰一类的鸟。这里指灭蒙鸟栖息的地方。

【译文】

灭蒙鸟的栖息之地在结匈国的北面，这种鸟身子呈青色，长有红色的尾巴。

【原文】

7.3　大运山高三百仞①，在灭蒙鸟北②。

【注释】

①仞：古时以八尺或七尺为一仞。

②灭蒙鸟：这里指灭蒙鸟栖息的地方。

【译文】

大运山高达三百仞，在灭蒙鸟栖息之地的北面。

【原文】

7.4　大乐之野①，夏后启于此儛《九代》②，乘两龙，云盖三层③。左手操翳④，右手操环⑤，佩玉璜⑥。在大运山北⑦。一曰大遗之野⑧。

【注释】

①大乐之野：地名，也叫大穆之野。

②夏后启：夏朝国君启。儛：跳舞。《九代》：一说为乐名；一说为马名。

③云盖：呈盖状的云。

④翳（yì）：用羽毛做的华盖。

⑤环：玉环。

⑥璜：半圆形的玉。

⑦大运山：山名，在中国西南部。

⑧一曰大遗之野：此句当是后人注解，不是经文。

【译文】

大乐之野，夏朝国君启曾在此举行《九代》歌舞，他乘着两条龙，周围有三层云盖。启左手举着用羽毛做的华盖，右手拿着玉环，身上佩戴着玉璜。大乐之野位于大运山的北面。一说启在大遗之野观看歌舞。

夏后启

【启舞《九代》】

夏后启是大禹的儿子。传说大禹为了治水，到了三十岁还没结婚，后来路过涂山时，遇到涂山首领的女儿女娇。女娇姿容秀美、仪态大方，大禹对她一见倾心，她也爱慕大禹的英勇气概，两人于是结为夫妻。

大禹开凿轩辕山时，工程十分浩大。为了给丈夫补充体力，女娇决定给大禹送饭。他们以击鼓三声作为女娇上山送饭的信号。每次等妻子走后，大禹就变身为一只黑熊，带领百姓凿山开道。一次，由于工作太投入，他的爪子不小心刨起了三颗小石子，刚好打到鼓上。女娇闻声赶来送饭，正好看到丈夫所化的黑熊在拼命刨石块。她又惊又羞，不由大叫一声，扔掉篮子就跑。大禹听到妻子的声音，来不及变回人形，就在后面追赶，想要解释明白。两人你跑我追，一直跑到嵩高山下，眼见没了去路，女娇摇身变作了一块石头。后面追过来的大禹又气又急，大声喊道："还我儿子。"石头突然崩裂开，里面坐着一个小孩儿，大禹给他起名叫启，就是开裂的意思。

眼看着启慢慢长大，大禹也老了，想要选伯益做接班人。伯益是大禹的得力助手，发明了凿井取水、火烧狩猎的方法，深得民众爱戴。这时启也在父亲的一手栽培下，势力慢慢发展了起来。大禹死后，他与伯益掀起了一场争夺帝位的战争。经过一番较量后，启打败了伯益的军队，自己登上了帝位，建立了历史上第一个朝代——夏朝。从此，父亡子继的世袭制代替了任人唯贤的禅让制。

【原文】

7.5　三身国在夏后启北[1]，一首而三身。

【注释】

①三身国：国名。因其国中之人长着三个身子而得名。夏后启：这里指启举歌舞的地方。

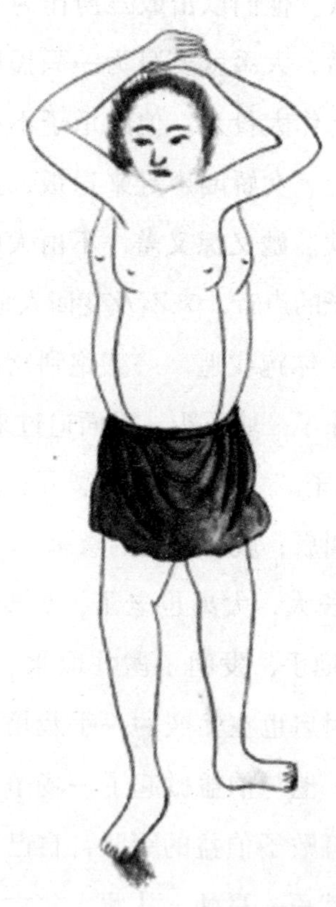

三身国

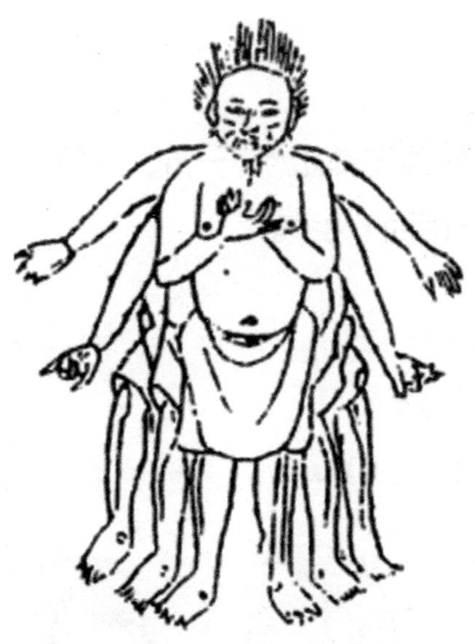

三身国　清　郝懿行图本

【译文】

三身国在大乐之野的北面，国人均长着一个脑袋、三个身子。

	《山海经》中名称	今　考
山海经 地　理 古今考	灭蒙鸟	在河南省商丘市的东北部
	大乐之野	可能在四川省乐山市一带
	三身国	在山西省太原市南平陶县一带
	灭蒙鸟	一说属于高空飞翔的鸟类；一说属于凤凰一类的鸟

【原文】

7.6　一臂国在其北[1]，一臂、一目、一鼻孔。有黄马，虎文，一目而一手[2]。

【注释】

①其：指三身国。

②手：这里指马的腿蹄。

一臂国

【译文】

一臂国在三身国的北面，国人都只长着一条胳膊、一只眼睛、一个鼻孔。那里有一种黄色的马，身上长着老虎一样的斑纹，只有一只眼睛、一条削腿。

一臂国

【原文】

7.7　奇肱之国在其北[1]。其人一臂三目，有阴有阳[2]，乘文马。有鸟焉，两头，赤黄色，在其旁。

【注释】

[1]奇（jī）肱（gōng）之国：奇肱国。因其国中人只有一

只胳膊而得名。其：指一臂国。

②有阴有阳：一身兼有阴阳两性。

奇肱国

【译文】

奇肱国在一臂国的北面。国人长着一条胳膊、三只眼睛，一身兼有阴阳两性，乘坐的是带有斑纹的马。那里有一种鸟，长着两个脑袋，呈赤黄色，伴随在他们旁边。

奇肱国　明　蒋应镐绘图本

奇肱国

奇肱国　清　毕沅图本

山海经地理古今考	《山海经》中名称	今　考
	一臂国	在河北省元氏县一带
	奇肱之国	在山西省长治市西南

【奇肱国】

传说在遥远的西方有个奇肱国，这个国家的人都只有一条胳膊，却有三只眼睛。虽然只有一臂，国中人却是心灵手巧，擅长制造各种灵巧的器械。

传说大禹凿通方山时，天空中突然有一种酷似飞鸟的车子经过，大家都很惊奇，决定一起跟上去看看到底是什么东西。大禹一行人乘巨龙跟随车子飞行，不多时，飞车降落在一处繁华之地，这里的楼舍前、街市上到处是这种飞车。街上的人们都只有一条胳膊，却长着一上两下三只眼睛。众人正惊奇时，路旁的树林里突然钻出两个猎户，肩上扛着野兽，虽一臂，却不见费力。大禹等人上前问道："请问贵国何名？"猎户道："奇肱国。看你们的样子像是从远方而来，是要打听敝国的情况吗？从这儿往前走几十步，有一间旧屋，里面有一折臂老者，你们去问他吧。"说完径直离去。大禹等依他所言，果然找到了旧屋和老者。老者询问他们的来意，大禹道："看贵国飞车精妙，特来探访究竟。"老者也很爽快，将他们领到一处广场中，正巧有二人在启动飞车，之见他们用手一拉，飞车便快速上升，到七八丈高时，改作平行，非常平稳地向前飞去。大禹等人仔细观察，原来这飞车里外有无数齿轮，车内有控制升降和进退机关，有转方向的圆舵，还立着一根可以挂帆的长木。原来，这飞车没有驱动力，全靠借风而行。大禹等暗自佩服他们的工艺之妙。老者说："敝国人只有一臂，不甚灵便，所以做事勤勉。白天用两只阳眼工作，到了晚上还会开启中间的阴眼继续工作，所以才能取得些许成就啊。"

【原文】

7.8　形天与帝至此争神[①]，帝断其首，葬之常羊之山[②]。乃以乳为目，以脐为口，操干戚以舞[③]。

刑天

【注释】

①形天：又作刑天，神话传说中的人物。帝：指黄帝。至此：一说是衍文。

②常羊之山：常羊山。一说在今陕西之南、四川之北。

③干：盾牌。戚：大斧。

形天　清　毕图本

刑天舞干戚

【译文】

　　刑天与黄帝争权，黄帝斩断刑天的脑袋，并把它埋到常羊山。刑天于是以双乳作眼睛，以肚脐作嘴，挥舞手中的盾牌和大斧。

山海经 地理 古今考	《山海经》中名称	今 考
	形天与帝争神处	在山西省安泽县南
	常羊之山	据说在陕西省以南、四川省以北

【刑天舞干戚】

当炎帝还是统治全天下的天帝的时候，刑天对炎帝忠心耿耿。后来炎帝与黄帝发生了战争，炎帝失败，变成了管理南方的小小天帝。虽然炎帝不愿继续和黄帝抗争，但他的很多属下都不服气，刑天正是其中之一。

终于有一天，刑天趁着炎帝不注意，偷偷离开南方天廷，径直向中央天廷奔去，想要和黄帝一较高低，替炎帝夺回原本属于他的帝位。

刑天左手握着一面长方形的盾牌，右手拿着一柄寒光闪闪的大斧，一路杀到黄帝的宫殿前。黄帝不甘示弱，拿起宝剑和刑天搏斗起来。两人势均力敌，从宫内杀到宫外，又从天庭杀到凡间，最后来到常羊山旁。

常羊山是炎帝的降生之处，而再往北不远，便是黄帝诞生地——轩辕国。二人到了自己的故土，于是战斗变得更加激烈。

黄帝终究在经验上略胜一筹，觑个破绽，一剑向刑天的脖子砍去，只听"咔嚓"一声，刑天那颗像小山一样巨大的头颅便从脖颈上滚下来，落到了常羊山脚下。

刑天感觉到脖子上一凉，伸手一摸，却发现头颅已经不在，

顿时惊慌起来，赶紧伸手在地上寻找，想要找回头颅安在颈脖上，继续和黄帝大战一番。可惜刑天只顾向远处摸去，却没想到头颅就在不远处的山脚下。

黄帝担心刑天找到头颅、恢复原身后继续纠缠不休，便举起手中的宝剑用力劈向常羊山，随着一声巨响，常羊山裂为两半，刑天巨大的头颅骨碌碌地滚入山中，随即两山重又合而为一，将刑天的头颅深深埋葬在其中。

刑天听到这声巨响，感觉到周围异样的变动，刑天意识到，自己的头颅已经被彻底埋葬，自己将永远身首异处。但是想到自己的心愿未能达到，刑天愤怒极了，不甘心就此屈服，于是将双乳当成双目，将肚脐当成口，左手持盾，右手握斧，向天空挥舞着，继续战斗。

【原文】

7.9　女祭、女戚在其北①，居两水间②，戚操鱼䱺③，祭操俎④。

【注释】

①女祭、女戚：一说为两个女子之名；一说为两个以女性为主的民族之名。其：指黄帝砍掉形天脑袋的地方。

②两水：两条河流。

③䱺（dàn）：圆形小酒器，古代的一种礼器。

④俎（zǔ）：古代祭祀时放祭品的器物。

【译文】

女祭、女戚在黄帝砍掉刑天脑袋之地的北面，她们居住在两条河流之间。女戚手里拿着觛，女祭手里拿着俎。

【原文】

7.10　鸢鸟、鶸①，其色青黄，所经国亡。在女祭北。鸢鸟人面，居山上。一曰维鸟，青鸟、黄鸟所集②。

【注释】

①鸢（cì）：传说中的一种鸟。鶸（dǎn）：猫头鹰一类的鸟。

②一曰维鸟，青鸟、黄鸟所集：此句当是后人注解，不是经文。维鸟：鸢鸟和鶸鸟。

【译文】

鸢鸟和鶸鸟，这两种鸟的羽毛呈青黄色，凡是它们经过的国家都会败亡。这两种鸟的栖息之地位于女祭的北面。鸢鸟长着人一样的脸，居住在山上。一说这两种鸟统称维鸟，是青鸟、黄鸟聚集在一起的混称。

【原文】

7.11　丈夫国在维鸟北①，其为人衣冠带剑②。

【注释】

①丈夫国：据说国中全为男性，故名。维鸟：这里指鸳鸟和鹊鸟栖息的地方。

②衣冠：指衣帽整齐。

丈夫国

【译文】

丈夫国位于维鸟栖居之地的北面，国中之人每个人都衣冠整齐，身上佩剑。

丈夫国

【原文】

7.12　女丑之尸^①，生而十日炙杀之^②。在丈夫北^③。以右手鄣其面^④。十日居上，女丑居山之上。

【注释】

①女丑：人名。

②十日：十个太阳。炙：烤。

③丈夫：指丈夫国。

④鄣（zhàng）：同"障"，遮蔽。

【译文】

　　有一具女丑的尸体，她是被十个太阳活活烤死的。女丑的尸体位于丈夫国的北面。死时女丑用右手遮住了自己的脸。十个太阳高高地悬挂在空中，女丑的尸体则在山上。

女丑尸

女丑尸　明　蒋应镐绘图本

山海经	《山海经》中名称	今　考
动　物	鵸	猫头鹰一类的鸟
古今考	维　鸟	鸢鸟和鵸鸟

【原文】

7.13　巫咸国在女丑北①，右手操青蛇，左手操赤蛇。在登葆山②，群巫所从上下也。

【注释】

①巫咸国：传说中的国名。巫咸：咸巫，意思是都是巫师。
②登葆山：山名，也叫登备山。

【译文】

巫咸国在女丑尸体所在之地的北面，国中之人右手拿着青蛇，左手拿着红蛇。该国有座登葆山，是巫师们往返于天地之间的地方。

【原文】

7.14　并封在巫咸东①，其状如彘②，前后皆有首，黑。

【注释】

①并封：兽名，也叫屏蓬。巫咸：指巫咸国。
②彘：猪。

并封　明　蒋应镐绘图本

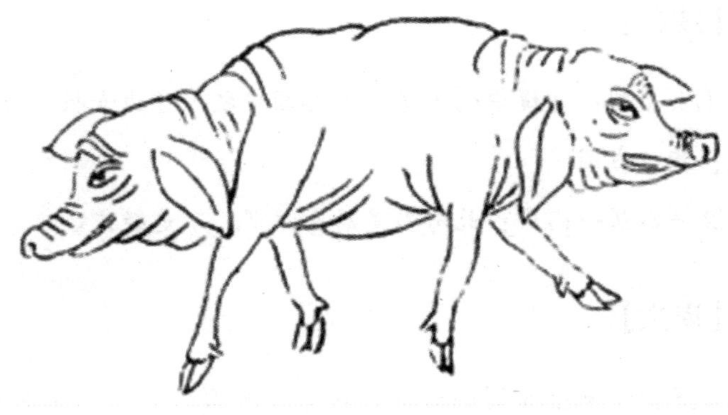

并封　清　汪绂图本

【译文】

名叫并封的动物居住在巫咸国的东面，它的形状与猪相似，前面和后面各有一个脑袋，周身都呈黑色。

山海经地理古今考	《山海经》中名称	今　考
	丈夫国	在山西省显县北部
	女　丑	大致位于山西省河津附近
	巫咸国	山西省夏县西北部的禹王城

【原文】

7.15　女子国在巫咸北[1]，两女子居，水周之。一曰居一门中[2]。

【注释】

①女子国：传说中的国名。因其国中之人皆为女性，故名。巫咸：指巫咸国。

②一曰居一门中：此句当是后人注解，不是经文。

【译文】

女子国位于巫咸国的北面，这里住有两个女子，四周有水环绕。一说她们住在一道门的中间。

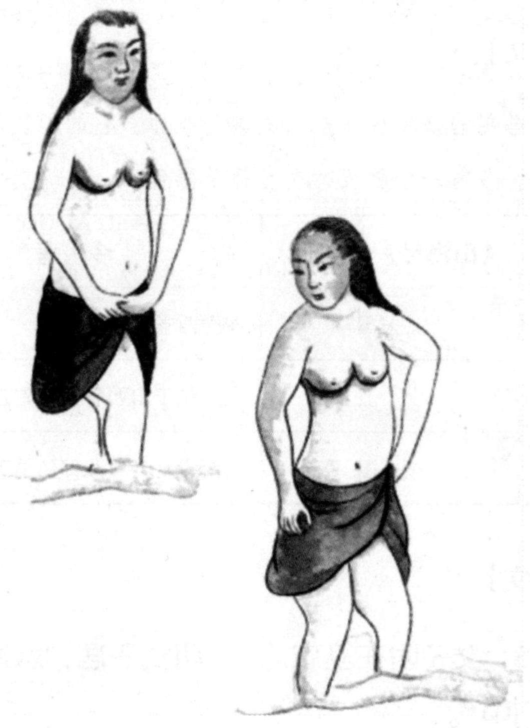

女子国

女子国　明　蒋应镐绘图本

【原文】

7.16　轩辕之国在此穷山之际[1]，其不寿者八百岁。在女子国北。人面蛇身，尾交首上。

轩辕国

【注释】

①轩辕之国：轩辕国，国名。一说因黄帝生长于此而得名。此：是衍文。穷山：山名。一说即邛崃山，在四川境内。

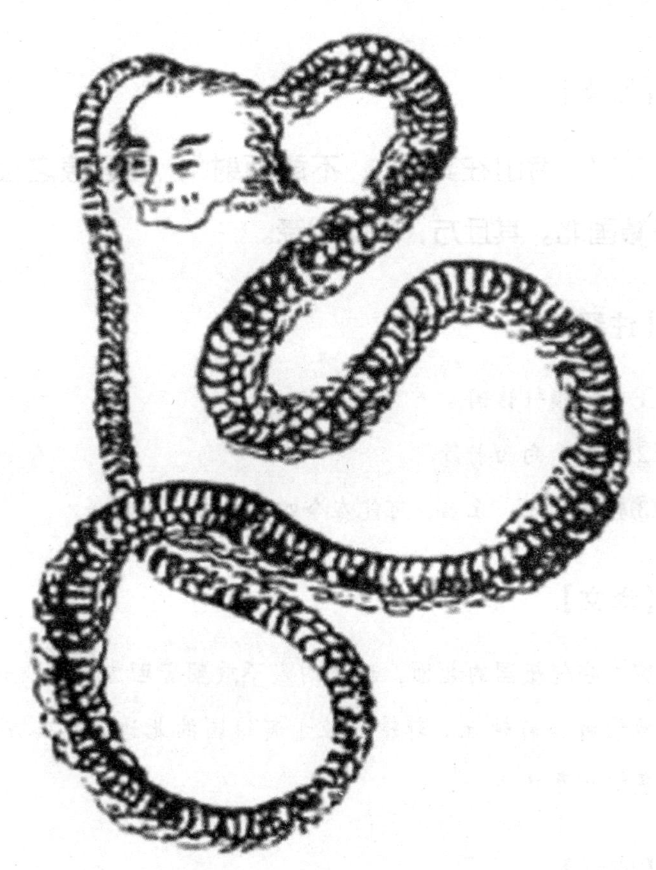

轩辕国　清　汪绂图本

【译文】

轩辕国处在穷山附近，国中之人即便不长寿者也能活到八百岁。轩辕国位于女子国的北面。国人长着人面蛇身，尾巴盘绕于头顶之上。

【原文】

7.17　穷山在其北[①]，不敢西射[②]，畏轩辕之丘[③]。在轩辕国北。其丘方，四蛇相绕。

【注释】

①其：指轩辕国。

②西射：向西射箭。

③轩辕之丘：丘名，可能在今四川境内。

【译文】

穷山在轩辕国的北面，这里的人不敢朝着西方射箭，这是因为他们敬畏轩辕丘。轩辕丘位于轩辕国的北边。丘呈方形，有四条蛇相互环绕。

【原文】

7.18　此诸天之野[①]，鸾鸟自歌[②]，凤鸟自舞[③]。凤皇卵[④]，民食之；甘露[⑤]，民饮之，所欲自从也。百兽相与群居。在四蛇北⑥。其人两手操卵食之，两鸟居前导之。

【注释】

①此：可能为衍文。诸夭之野：一说"夭"应做"沃"，指传说中的一片沃野。

②鸾鸟：传说中凤凰一类的鸟。

③凤鸟：雄凤凰。

④凤皇：凤凰。

⑤甘露：甜美的雨露，古人认为天下太平就会天降甘露。

⑥四蛇：指有四条蛇环绕的轩辕丘。

【译文】

有个名叫诸夭之野的地方，鸾鸟自由地歌唱，凤鸟自在地起舞。凤凰生下的蛋，这里的百姓可以食用；甘甜的雨露，这里的百姓可以饮用，凡是他们想要的都能如愿以偿。各种野兽群居在这里。诸夭之野在轩辕丘的北边。这里的人用双手捧着凤凰蛋吃，有两只鸟在前面引导。

山海经地理古今考	《山海经》中名称	今　考
	女子国	山西省夏县西北部的禹王城
	轩辕之国	山西省襄汾县城东北，中原龙山文化遗址中的陶寺遗址

【原文】

7.19　龙鱼陵居在其北[1]，状如狸[2]。一曰鰕[3]。即有神圣乘此以行九野[4]。一曰鳖鱼在天野北，其为鱼也如鲤[5]。

龙鱼

【注释】

①龙鱼：鱼名。一说指穿山甲；一说指鱼类化石。陵居：居住在山陵中。其：诸天之野。

②狸：山猫。

③鰕（xiā）：大鲵，即娃娃鱼。

④九野：指九州之地。

⑤一曰鳖鱼在天野北，其为鱼也如鲤：此句当是后人注解，不是经文。

龙鱼　清　《禽虫典》本

【译文】

　　在山陵中居住的龙鱼居住在诸夭之野的北面，其形状与山猫相似。一说它的形状像娃娃鱼。有神圣之人骑着龙鱼巡游于九州之地。一说鳖鱼在诸夭之野的北面，它的形状与鲤鱼相似。

【原文】

7.20　白民之国在龙鱼北[1]，白身被发[2]。有乘黄，其状如狐，其背上有角，乘之寿二千岁。

【注释】

①白民之国：白民国。因国中之人全身雪白而得名。龙鱼：指龙鱼所居的山陵。

②被：同"披"，披散。

乘黄

【译文】

白民国在龙鱼栖息之地的北边，其国人浑身雪白，披散着头发。有一种名叫乘黄的兽，它的形状与狐相似，背上长着角，人若骑在它的身上，就能活两千岁。

乘黄　明　胡文焕图本

【原文】

7.21　肃慎之国在白民北[1]。有树名曰雄常[2]，先入伐帝，于此取之[3]。

【注释】

①白民：即白民国。

②雄常：树名，或作洛棠、雄棠。

③先入伐帝，于此取之：有的改作"圣人代立，于此取衣"，意思是有圣人称帝，就在树上取树皮，拿它可以做成衣服。

【译文】

肃慎国位于白民国之北。该国有一种树名叫雄常，只要有圣人称帝，就取此树的树皮来做衣服。

【原文】

7.22　长股之国在雄常北①，被发②。一曰长脚③。

【注释】

①长股之国：长股国。因其国中之人腿长而得名。雄常：这里指雄常树生长的地方。

②被：同"披"，披散。

③一曰长脚：此句当是后人注解，不是经文。

【译文】

长股国在雄常树生长之地的北面，国中之人都披散着头发。一说（长股国）是长脚国。

长股国

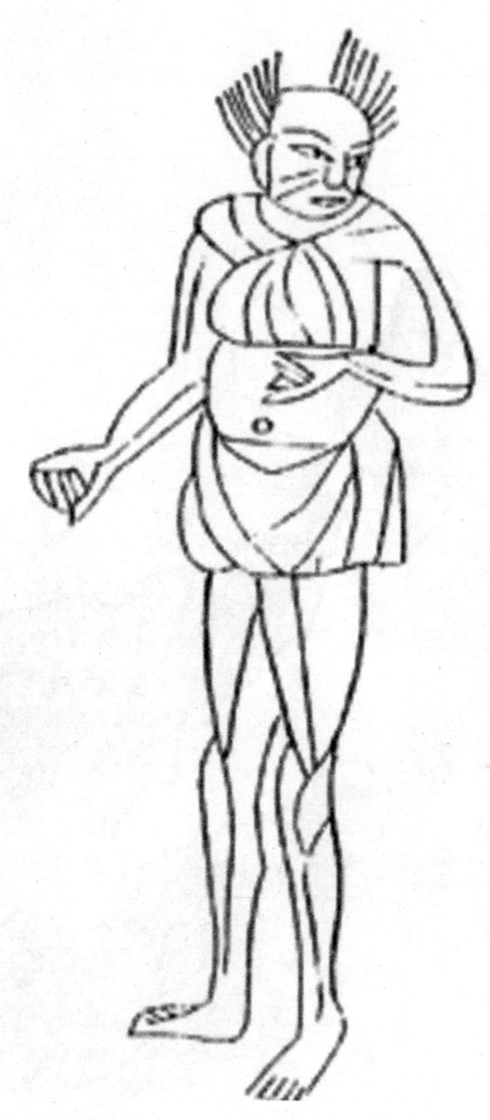

长股国　清　吴任臣康熙图本

	《山海经》中名称	今　考
山海经 地　理 古今考	白民之国	在陕西省北部的高原和山西的西部
	肃慎之国	大体分布在今长白山以北
	狸	山　猫
	鰕	大　鲵

【原文】

7.23　西方蓐收①，左耳有蛇，乘两龙。

蓐收

【注释】

①蓐（rù）收：古代传说中的神名，司秋。

【译文】

西方之神蓐收，他的左耳上有蛇，驾乘着两条龙飞行。

蓐收　明　蒋应镐绘图本

【蓐收】

蓐收是白帝少昊的辅佐神，也是传说中的司秋之神，他左耳上挂着蛇，驾乘两条龙飞行。也有人说蓐收是白帝之子。据《淮南子·天文篇》记载，蓐收主要分管秋收科藏之事，所以望河楼前有"蓐收之府"的牌坊。

《山海经》中说：蓐收住在泑山上。从此山向西望去，可以看见太阳落山时的浑圆气象，这种景象，正是由名叫红光的神掌管的。

"蓐收"在《山海经》全书中只出现过两次，一次是在《西山经》，一次是在《海外西经》。

《海外西经》说："西方蓐收，左耳有蛇，乘两龙。"西方之神蓐收，左耳朵上有蛇，驾着两条龙。《山海经》对于其他三个神多少还有相貌描写：句芒是鸟面人身，祝融是兽面人身，禺强是人面鸟身，相比之下，对蓐收的描写就太简单了。

而《西山经》中对蓐收的描述是："……泑山，神蓐收居之。其上多婴短之玉，其阳多瑾、瑜之玉，其阴多青、雄黄。是山也，西望日之所入，其气员，神红光之所司也。"

大意是，蓐收居住在泑山上……从此山向西望去，可以看见太阳落山时的浑圆气象，这种景象，正是由名叫红光的神掌管的。据说红光就是蓐收，为掌管日落之神。

发展到后来，蓐收又多了一重职能：掌管天下的刑罚。《国语·晋语二》中记载了这样一则故事：虢国君主某天梦见自己在宗庙之中，看见一个神人，长着人的面孔、老虎的爪子，浑身都是白色的毛发，他手执大斧，站立在西墙下。虢国君主心中害怕，想要逃走，神人说："不要跑，天帝命令：要让晋国的军队袭击虢国的都城。"

这位神明正是刑戮之神蓐收，大概是因为蓐收是西方之神，而西方属金，民俗认为金之气正直浩大，加上他形象威猛，所以让这位金神主管刑戮。蓐收出现在虢国君主梦中，以昭示天帝的惩罚。可是虢国君主毫不在意，还让国人祝贺他做的这个梦。结果后来晋献公从虞国借道，出兵灭了虢国，这就是著名的"假途伐虢"的故事。

中国古代神话中的野兽。形状像牛，身上有虎文。《山海经·东山经》"有兽焉，其状如牛而虎文，其音如钦，其名曰軨軨。"

第八卷　海外北经

　　《海外北经》所记录的国家大致在中国北部，具体位置已难以考证。《海外北经》紧接着《海外西经》中的长股国，由西北向东北依次展开叙述。

海外北经

【导读】

　　《海外北经》中记述了我们所熟知的夸父逐日、禹杀相柳氏的故事，以及蚕神许配给马、钟山之神烛阴的传说。经中还记载了西方九个国家，包括国中人只长一只眼睛的一目国、国

中人只有一手一足的柔利国、国中人肚里没肠子的无肠国，以及聂耳国、博父国等。此外，还记录了这些国家中的各种动植物。

【原文】

8.1　海外自东北陬至西北陬者①。

【注释】

①海外：指海外北经所记载的地方。陬（zōu）：隅，角落。

【译文】

海外北经所记载的地方是从东北角到西北角。

【原文】

8.2　无之国在长股东①，为人无胮。

【注释】

①无胮（qǐ）之国：无胮国。胮：小腿肚。长股：指长股国。

【译文】

无胮国在长股国的东边，这里的人没有小腿肚子。

【原文】

8.3　钟山之神[1]，名曰烛阴，视为昼，瞑为夜[2]，吹为冬，呼为夏。不饮，不食，不息[3]，息为风，身长千里。在无脊之东[4]。其为物人面蛇身，赤色，居钟山下。

【注释】

[1]钟山：山名。在今吕梁山脉东侧、霍山东南。

[2]瞑：闭眼。

[3]息：呼吸。

[4]无脊：指无脊国。

烛阴

【译文】

　　钟山的山神，名叫烛阴，他睁开眼睛，天下便是白天；闭上眼睛，天下就变成了黑夜；他吹一口气，天下就是寒冬；呼一口气，天下便是炎夏。他平时不喝水，不吃东西，不呼吸，而他只要一呼吸，就会刮风。他的身体有一千里长。这位神仙居住在无脊国的东面。他的形状为人面蛇身，全身呈赤红色，住在钟山的脚下。

烛阴　明　胡文焕图本

山海经地理古今考	《山海经》中名称	今　考
	无之国	陕西省白水县东北部的彭衙堡
	钟　山	在吕梁山脉的东侧、霍山的东南侧
	一目国	在与山西毗邻的陕西北部边界地带

【烛龙举火】

烛龙就是钟山山神烛阴，也是上古创世神之一。烛龙是人脸蛇身的怪物，浑身通红，住在北方极寒之地。

传说烛龙是一位能变换阴阳四季的神人。只要它的眼睛一张开，黑暗的长夜就变成了白天；它的眼睛一合上，白天就变回了黑夜。它吹口气，马上会进入大雪纷飞的冬季；它轻轻哈气，就又到了烈日炎炎的夏天。它屏息时，风和日丽；呼吸的时候，飞沙走石。所以，它常常蜷缩着，不吃饭，不喝水，不睡觉，不呼吸。又传说，在大地浑沌未开的时候，它口含"火精"来到天宫，在北方幽暗的天门中高高举起"火精"，亮光霎时照亮了大地，一直照入阴暗的九泉之下。所以，人们又把烛龙叫做开辟神，是和盘古齐名的创世之神。

【原文】

8.4　一目国在其东①，一目中其面而居。一日有手足②。

【注释】

①其：指钟山。

②一日有手足：此句当是后人注解，不是经文。

【译文】

一目国在钟山的东面，那里的人只有一只眼睛，眼睛长在

脸的正中间。一说该国之人有手有脚。

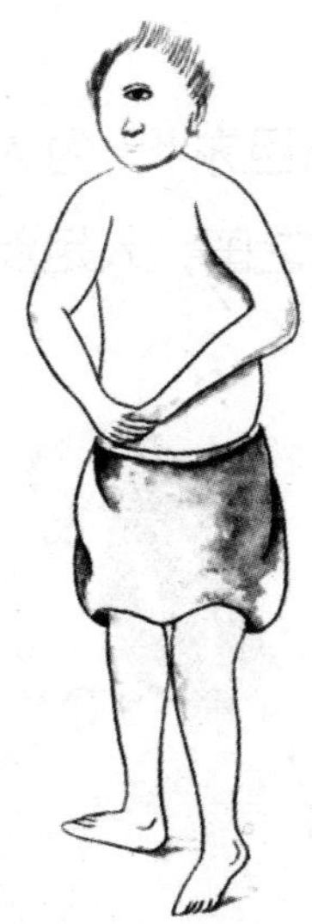

一目图

一目国　清　吴任臣康熙图本

【原文】

8.5　柔利国在一目东[①]，为人一手一足，反膝[②]，曲足居上[③]。一云留利之国，人足反折[④]。

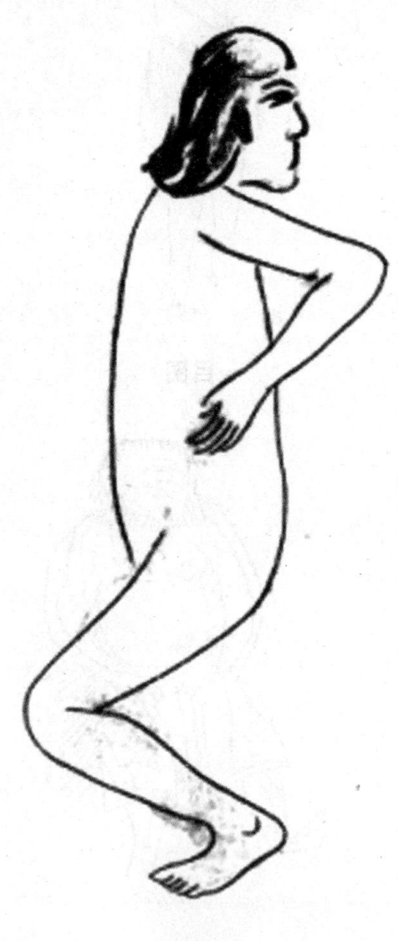

柔利国

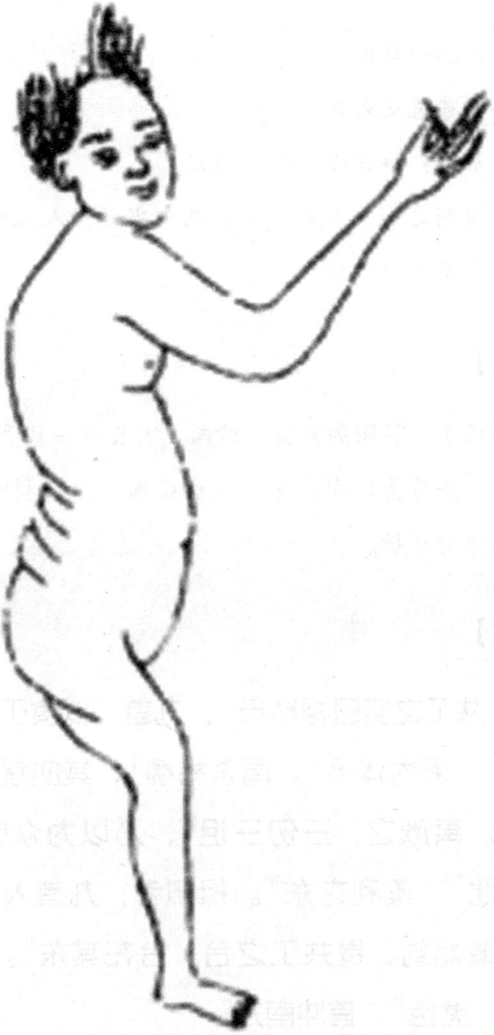

柔利国　清　汪绂图本

【注释】

①一目：指一目国。

②反膝：膝盖反着长。

③曲足居上：脚弯曲，脚心朝上。

④一云留利之国，人足反折：此句当是后人注解，不是经文。反折：向反方向弯折。

【译文】

柔利国位于一目国的东面，该国之人长有一只手、一只脚，膝盖反着长，脚弯曲朝向上方。一说此国名叫留利国，国中之人的脚向反方向弯折。

【原文】

8.6　共工之臣曰相柳氏①，九首，以食于九山。相柳之所抵②，厥为泽溪③。禹杀相柳④，其血腥，不可以树五谷种。禹厥之，三仞三沮⑤，乃以为众帝之台⑥。在昆仑之北⑦，柔利之东⑧。相柳者，九首人面，蛇身而青。不敢北射，畏共工之台。台在其东⑨。台四方，隅有一蛇，虎色⑩，首冲南方。

【注释】

①共工：古代神话传说中的人物，传说他与颛顼争为帝，

失败发怒而头触不周山。相柳氏：古代神话传说中的人物，又叫相繇（yáo）。

②抵：触。

③厥：通"撅"，挖掘。

④禹：传说是夏朝的第一位君主。因禹治水有功，舜让位给禹，禹建国为夏。

⑤仞：通"牣（rèn）"，满。沮：毁坏。这里指下陷。

相柳

⑥众帝：帝尧、帝喾、帝舜等传说中的上古帝王。

⑦昆仑：山名，一说此处可能指阴山，在内蒙古境内。

⑧柔利：指柔利国。

⑨其：指众帝之台。

⑩虎色：虎一样的斑纹。

相柳　清　汪绂图本

【译文】

共工有位臣子名叫相柳氏，长着九个脑袋，分别在九座山上取食。相柳所触到的地方，都会变成沼泽和溪流。大禹杀死了相柳，相柳身上流出的血腥臭不堪，所流经的地方都不能种植五谷。大禹掘土填埋这块地方，填满了三次却塌陷了三次，于是大禹在此为众帝建帝台。帝台在昆仑山的北面、柔利国的东面。相柳，有九个脑袋，长着人一样的脸、蛇一样的身子，身子呈青色。不敢朝北方射箭，因为敬畏共工之台。共工之台在帝台的东面。台呈四方形，每个角上有一条蛇，身上长着老虎一样的斑纹，头朝着南方。

【禹杀相柳】

相柳是天神共工的臣子，他相貌丑陋，是个九头蛇身的怪物。他贪婪残暴，九颗头分别伸向九座山上吃食，并且身体所触及的地方都会塌陷为沼泽，泽中的水又苦又涩，无法饮用。每当发洪水时，相柳便出来助纣为虐。

相传共工与颛顼大战时，天下正是洪水肆虐。大禹负责治理洪水，因此也加入了这场战斗。后来共工被颛顼杀死，大禹平息洪水后，也杀死了共工的臣子相柳。

相柳死后，流出的血液汇聚成河，发出腥臭刺鼻的气味。血液流经之处，田地不能再种庄稼。于是，大禹发动人民挖土填埋被相柳血浸坏了的土地，但多次填塞又多次塌陷下去。大禹看到这样做没有结果，于是决定把这里改造成河池，作蓄水之用，再用池中的水来灌溉周围的庄稼。他又带领人民挖河，把挖出来的土堆在一起，为众神修筑了几座帝台，供众帝使用，后来合称为共工台。

【原文】

8.7　深目国在其东①，为人举一手，一目。在共工台东②。

深目国

【注释】

①深目国：传说中的国名。因其国中之人两目深陷而得名。其：相柳氏所在地。

②在共工台东：前面应有"一曰"，此句当是后人注解，不是经文。

【译文】

深目国在相柳所处之地的东边，此国之人举着一只手，只有一只眼睛。一说深目国在共工台的东边。

深目国　明　蒋应镐绘图本

【原文】

8.8　无肠之国在深目东①，其为人长而无肠。

【注释】

①深目：指深目国。

【译文】

无肠国位于深目国的东边，国中之人个子很高，但肚子里没有肠子。

【原文】

8.9　聂耳之国在无肠国东，使两文虎，为人两手聂其耳①，县居海水中②，及水所出入奇物③。两虎在其东④。

聂耳国

【注释】

①聂（shè）耳之国：聂耳国。因国中之人常常双手抓着耳朵而得名。聂：通"摄"，抓。

②县：通"悬"。

③及：到。这里指到海中捕捉。

④其：指聂耳国。

聂耳国　清　汪绂图本

【译文】

聂耳国在无肠国的东边，国中之人驱使两只带有斑纹的老虎，而且总是用抓着自己的耳朵，聂耳国的人孤独地居住在海水环绕的小岛上，到海水中捕捉奇异之物。有两只老虎在聂耳国的东面。

【原文】

8.10　夸父与日逐走[1]，入日。渴、欲得饮，饮于河、渭[2]，河、渭不足，北饮大泽。未至，道渴而死。弃其杖，化为邓林[3]。

夸父追日

【注释】

①逐走：追着跑。

②河、渭：黄河和渭河。

③邓林：树林名。

夸父　明　蒋应镐绘图本

【译文】

夸父追赶太阳，离太阳越来越近。这时夸父口渴难忍，想要喝水，于是去喝黄河和渭河中的水，将两条河的水喝干了，还是不够，便去喝北方大泽里的水。还没等到达大泽，夸父就渴死在半路上了。夸父临死前扔掉了自己的手杖，这根手杖后来变成了邓林。

夸父逐[1]追日

【夸父逐日】

远古时候，在北部的荒野中，有一座巍峨雄伟的山峰。在这座山的深处，生活着一群力大无穷的巨人，他们的首领名叫夸父，这个部族就叫夸父族。夸父族人高大魁梧、意志坚强，又勤劳勇敢、心地善良，在山中过着与世无争、逍遥自在的日子。

但是那时候大地上一片荒凉，猛兽毒物横行，人们的生活非常凄苦。夸父为了族人能活下去，每天都率领众人与洪水猛兽搏斗，他还将捉到的凶恶黄蛇挂在耳朵上作为装饰，或者拿在手上挥舞，以此来夸耀。

有一年天气非常炎热，火辣辣的太阳烘烤着大地，庄稼和

树木被烤焦了，河流也干枯了，人类无法承受这样的酷热，纷纷死去。

夸父看到这种情景，心中非常难过，他仰望着太阳，对族人说："太阳实在可恶，我要追上太阳然后捉住它，让它听从人的指挥。"族人认为这种想法不可行，纷纷劝阻他。但是夸父心意已决，他看着愁苦不堪的族人，说："为了大家能好好生活，我一定要去。"

第二天，太阳刚刚升起，夸父就告别族人，向着太阳升起的地方大步追去，开始了他的逐日征程。太阳在天空中飞快地移动，夸父在地上如疾风一般拼命奔跑，他穿过一座座大山，跨过一条条河流，始终紧追不舍，眼看离太阳越来越近，他的信心也越来越强烈。不过，离太阳越近，就越渴得厉害，虽然夸父不停地喝水，但怎么也无法缓解干渴。可是夸父并没有因此而感到害怕，他不断地鼓励自己。终于，九天九夜之后，夸父在太阳落山的地方追上了它。

红彤彤、热辣辣的火球就在眼前，万道金光洒在夸父身上，炽热的阳光让夸父又渴又累，他只好先跑到黄河边上，一口气喝干了黄河中的水，跟着又吸光了渭河之水，但仍然觉得不解渴，于是又向北方跑去，因为那里有纵横千里的大泽。可是，还没等夸父到达北方大泽，就在半路上渴死了。

【原文】

8.11　夸父国在聂耳东[1]，其为人大，右手操青蛇，左手操黄蛇。邓林在其东，二树木[2]。一曰博父[3]。

【注释】

①夸父国：一作"博父国"。聂（shè）耳：指聂耳国。

②二树木：指由两棵树组成的树林。

③一曰博父：此句当是后人注解，不是经文。

【译文】

夸父国在聂耳国的东边，国中的人身材高大，右手握着青蛇，左手握着黄蛇。邓林就在夸父国的东面，由两棵树组成。一说夸父国叫博父国。

【原文】

8.12　禹所积石之山在其东①，河水所入②。

【注释】

①禹所积石之山：禹所积石山，意为禹堆石而成的山。

②河：黄河。

【译文】

禹所积石山位于夸父国的东面，是黄河流入的地方。

【原文】

8.13　拘缨之国在其东①，一手把缨。一曰利缨之国^②。

【注释】

①拘缨之国：拘缨国。因其国中之人常用手托着脖子上的肉瘤而得名。缨：应作"瘿（yǐng）"，颈上的肉瘤。其：指禹所积石山。

②一曰利缨之国：此句当是后人注解，不是经文。

拘缨国

【译文】

拘缨国在禹所积石山的东面，国中之人用一只手托着颈部的大肉瘤。一说拘缨国叫利缨国。

拘缨国　清　《古今图书集成·边裔典》

【原文】

8.14　寻木长千里，在拘缨南[1]，生河上西北[2]。

【注释】

①拘缨：指拘缨国。

②河：黄河。

【译文】

寻木有千里长，生长在拘缨国的南边，黄河上游的西北方。

【原文】

8.15　跂踵国在拘缨东[1]，其为人大，两足亦大。一曰大踵[2]。

【注释】

①跂（qǐ）踵国：传说中的国名。因其国中之人踮起脚跟走路而得名。跂：通"企"，踮起。拘缨：指拘缨国。

②一曰大踵：此句当是后人注解，不是经文。大：一说应作"反"。

跂踵国　清　汪绂图本

【译文】

　　跂踵国在拘缨国的东边，该国的人身材高大，两只脚也非常大。一说此国叫大踵国。

跂踵国　明　蒋应镐绘图本

【原文】

8.16　欧丝之野在大踵东[1]，一女子跪据树欧丝[2]。

【注释】

[1]欧丝之野：欧丝野，地名。欧丝：呕丝，吐丝。大踵：指跂踵国。

[2]据：靠着。

【译文】

欧丝之野在大踵国的东边，有一个女子跪着倚靠在桑树上吐丝。

【原文】

8.17　三桑无枝[1]，在欧丝东[2]，其木长百仞[3]，无枝。

【注释】

[1]三桑：三棵桑树。

[2]欧丝：指欧丝国。

[3]仞：古时以八尺或七尺为一仞。

【译文】

有三棵没有树枝的桑树，生长在欧丝之野的东面，它们高达百仞，没有树枝。

【蚕神】

传说太古时候，有一个漂亮的女孩儿，她的父亲被征去作战，女孩儿思念父亲，便对家中的一匹白马开玩笑说："马儿啊，如果你能把父亲接回来，我就嫁给你。"马听到这话，竟然真的挣脱缰绳跑了出去。过了几天，父亲果然骑着马回来了。一家人重聚，自然欢喜不迭，女孩儿却好像忘了她说过的玩笑话。马开始不吃不喝，见到女孩儿进出会神情异常，高声嘶鸣。

父亲看到这种情况非常奇怪，就问女儿原因，女孩儿将说过的玩笑告诉了父亲。父亲万万不会将女儿许配给一匹马，又怕它对女儿不利，便把女儿关在屋子里，还杀死了马，将白色的马皮剥下来挂在院中。一次，父亲外出，女儿在院中玩耍，看到马皮心生恨意，便把马皮丢掉地上用脚踩，说："你是畜生，怎么能妄想娶人做妻子呢？现在丢了命，不是自找的吗……"话音未落，只见马皮腾空而起，包裹住女孩儿向门外飞去，瞬间不见了踪影。女孩儿的父亲四处寻找女儿，最后在一棵大树上发现了全身包着马皮的女儿，可是她它已经变成了一条白色的虫，正慢慢摇动着马一样的头，从嘴里吐出白色的丝线。人们就把这种树叫"桑"，谐音"丧"，是说女孩儿在此丧生。父亲十分伤心，却见女孩儿从天而降，对他说："天帝封我为蚕神，请父亲不必再伤心。"说完，升天而去。人们听说了这件事，于是纷纷盖起蚕神庙供奉她。

【原文】

8.18　范林方三百里，在三桑东，洲环其下①。

【注释】

①洲：水中的小块陆地。

【译文】

范林方圆三百里，在三棵桑树的东边，它的下面有沙洲环绕。